Lucas Atanazio Vetorasso

# O Maestro

**Poder & Manipulação**
**O Jogo das Cordas & Negociação Avançada**

# Sumário

1. Introdução
   - O Maestro da Negociação
   - Por que este livro foi escrito

2. O Chamado do Maestro
   - A arte de conduzir pessoas
   - O paralelo entre o maestro e o negociador

3. Entre a Razão e o Instinto
   - O equilíbrio entre lógica e emoção
   - Exemplos históricos de grandes negociadores

4. O Silêncio: A Nota Mais Poderosa
   - O impacto do silêncio na negociação
   - Técnicas para usar pausas estratégicas

5. O Lado Oculto das Palavras
   - Escolhendo palavras que moldam percepções
   - O poder do framing e dos gatilhos mentais

6. O Espelho da Empatia
   - Como criar conexão por meio do reflexo emocional
   - O papel dos neurônios-espelho nas negociações

7. Rapport: A Ponte da Conexão Humana
   - Construindo sintonia com o interlocutor
   - Técnicas práticas para estabelecer rapport

8. A Linguagem Não Verbal
   - Como decifrar gestos e posturas
   - A importância de alinhar linguagem verbal e não verbal

9. O Timing na Negociação
   - O momento certo para avançar ou recuar

- Estratégias para criar atmosferas propícias

10. A Psicologia do Recuo Estratégico
    - Como o recuo cria espaço para concessões
    - Casos práticos de retiradas bem-sucedidas

11. O Maestro e o Líder
    - Liderança em negociações complexas
    - A importância de controlar o ritmo emocional

12. O Ego e a Negociação
    - Como o ego pode sabotar acordos
    - Estratégias para neutralizar o ego no ambiente de diálogo

13. Leitura das Emoções
    - Ferramentas avançadas para interpretar emoções alheias
    - Aplicações práticas em negociações críticas

14. Ambientação Não Física
    - Criando atmosferas favoráveis sem depender do espaço físico
    - A influência do ambiente emocional nas decisões

15. A Técnica Mea Culpa
    - Como utilizar a humildade para reconquistar oportunidades
    - A psicologia do pedido de desculpas

16. O Jogo das Cordas: Controlando Emoções
    - O estoicismo aplicado à negociação
    - Métodos para equilibrar reações emocionais

17. Moldando a Primeira Impressão
    - O impacto do efeito halo
    - Ajustando a percepção inicial ao longo da conversa

18. Arquétipos na Negociação
    - O que as máscaras revelam e escondem
    - Metáforas do calçado e da capa

19. A Sinfonia da Negociação
    - Estratégias para coordenar múltiplos interesses
    - Casos reais de harmonia negocial

20. O Alfa na Mesa de Negociação
    - Como assumir a liderança com naturalidade
    - Diferenças entre autoridade e dominância

21. A Ambientação Narrativa
    - Criando histórias que moldam percepções
    - O impacto do storytelling no subconsciente

22. Ficção: O Maestro e o Negociador
    - Uma narrativa visceral sobre condução e controle

23. Conclusão: A Sinfonia Final
    - Resumo das lições aprendidas
    - O legado do maestro-negociador

# Introdução

Você pode não me conhecer. Afinal de contas, o maestro normalmente fica de costas para a plateia. Nem sempre quem aprecia a melodia o vê conduzi-la. Todos nascemos com dons especiais. Alguns são mais evidentes, como habilidades artísticas ou matemáticas, enquanto outros se manifestam de maneira mais sutil, como a facilidade de ouvir, observar ou conectar-se com os outros. Conforme fui crescendo, entendi que havia nascido também com um dom diferente. O dom da leitura. Não a leitura de palavras, mas daquilo que não é dito. Descobrir, nas entrelinhas de uma conversa, o que o outro deseja transmitir, mesmo que não saiba como. Entender o que as palavras escondem, o que os gestos revelam, e como as emoções dançam em um espaço onde cada silêncio tem algo a dizer.

Ao longo da minha jornada, já conduzi negociações efetivas que ultrapassaram a marca de centenas de milhões e, apesar do dom, é sempre durante o caminho que percebemos a importância da construção contínua. Mas percebi também que a habilidade principal para alcançar o sucesso não é apenas técnica, estratégia ou sorte. É, acima de tudo, compreender o comportamento humano.

Somos feitos de nuances. Não existe nada mais complexo — e fascinante — do que o ser humano. Emitimos, constantemente, mensagens subliminares; somos repletos de contradições e adjetivos, nem sempre positivos. A exploração do comportamento humano para manipular emoções e decisões não é apenas uma habilidade; é uma ciência, uma arte. E, ao mesmo tempo, um campo fértil de disciplina e autoconhecimento.

Mesmo que eu não tivesse nascido com esse dom, este livro seria o reflexo de anos de estudo, prática e refinamento. Cada página é sustentada por um profundo mergulho nas sutilezas do comportamento humano e no estudo das milhões de possibilidades que nossas mentes são capazes de conceber. Afinal, toda negociação é, antes de tudo, um encontro de mentes e corações. Dois indivíduos em busca de algo, às vezes convergindo, outras vezes confrontando, mas sempre conectados.

E o papel do negociador? Ele é como o maestro de uma grande orquestra. Coordena o ritmo, ajusta os tons, antecipa os movimentos e guia a harmonia — ou a dissonância — do diálogo. Não apenas ouve as palavras, mas sente a intenção por trás delas. Ele não conduz sozinho, mas sua liderança é invisível e indispensável.

Se você busca compreender como dominar esse palco, transformar conversas em acordos e aprender a tocar a melodia das emoções humanas, este livro é o seu guia. Porque negociar é mais do que argumentar. É arte, ciência e, acima de tudo, humanidade.

Bem-vindo à sinfonia mais complexa que você poderia conhecer.

***

Arak havia cruzado a floresta com os pequenos caçadores da tribo em treinamento. Não era por escolha, mas por castigo – resultado de uma disputa de poder com um dos guerreiros mais velhos, na qual Arak ousara desafiar uma decisão. Como punição, foi designado a ensinar os mais jovens, algo que, consequentemente, significava afastá-lo das caçadas importantes. O calor da mata era sufocante e cada passo ecoava sob o sussurro das folhas e o estalar dos galhos. Naquela tarde, quando as sombras alongadas começaram a se espalhar pela floresta, ele avistou algo que fez seu coração bater mais rápido: pegadas profundas e frescas de cervos, o tipo de animal que poderia saciar a tribo inteira por muitos dias. Ele sabia que essa descoberta era mais do que uma chance de caça; era uma oportunidade de se redimir e virar a balança a seu favor.

De volta à caverna, as chamas do fogo dançavam, projetando sombras nas paredes de pedra. Gor, o líder da tribo, observava Arak com olhos que exigiam respostas, mas o jovem caçador não se apressou. Com um gesto casual, começou a arrumar e afiar suas ferramentas. A tensão crescia à medida que o silêncio se prolongava e Arak sentiu os olhares curiosos da tribo se voltarem para ele. Era exatamente o que queria. A intenção era clara: lançar a semente da curiosidade e deixá-la germinar. Arak queria que Gor escalasse os melhores caçadores para acompanhá-lo e retirasse a punição, mas para isso o grande líder deveria entender que ele era necessário. Uma estratégia tão antiga quanto os próprios ventos que sopravam na entrada da caverna – manipular sem parecer que estava manipulando, fazer com que o outro acreditasse que era dono da ideia.

"Vi algumas pegadas que podem mudar nossa sorte," disse Arak, as palavras deslizando com uma naturalidade calculada, enquanto mantinha a cabeça baixa, focada em seu trabalho. Não olhou diretamente para Gor, nem fez movimentos que sugerissem urgência. O silêncio se estendeu e Arak deixou que a ansiedade começasse a corroer a mente do líder que agora se via forçado a considerar a importância do caçador que ele próprio tinha punido.

Gor inclinou-se para frente, os olhos endurecidos pelo fogo e pela dúvida. "Que pegadas?" perguntou, sua voz carregada de uma curiosidade que beirava a impaciência. A pergunta não era apenas interesse; era a admissão de que Arak, apesar da punição, tinha algo que ele precisava. O jovem caçador ergueu o olhar devagar, com um meio sorriso que escondia a satisfação de ter a atenção do líder.

"Pegadas do grande cervo. Tão profundas que se pode ver a força que carrega em seus passos. É preciso mais do que coragem para caçá-lo; é preciso estratégia e os melhores homens ao meu lado." Ele deixou as palavras caírem como pedras em um lago, cada uma provocando uma onda que se espalhava pela mente de todos os presentes. "Também precisaríamos de suprimentos de carne seca e da liberdade para escolher o caminho. Acredito que seja melhor esperar a punição terminar para sairmos nesta caça."

O líder ponderou, seus músculos tensionados, o silêncio em volta tão pesado quanto o olhar que mantinha sobre Arak. Ele sabia que a proposta carregava risco, mas a promessa de fartura era tentadora demais. "Não iremos esperar Arak". E então, com um aceno lento, deu a sua aprovação, acreditando que estava sendo sábio ao decidir a ação imediata, quando, na verdade, Arak já havia guiado a conversa para esse desfecho.

Com as ferramentas finalmente arrumadas e a aprovação de Gor ecoando pelo espaço, Arak sentiu a vitória. Não apenas conquistara o que queria, mas fizera com que o líder pensasse que a ideia partira dele. Naquela noite, sob as sombras dançantes da caverna, a tribo aprenderia mais uma vez que a negociação não era apenas uma troca de palavras; era a arte de moldar os pensamentos, de fazer com que o outro seguisse seu plano acreditando ser o autor.

# Capítulo 1
# O Chamado do Maestro

Como eu disse anteriormente, você pode não me conhecer. O maestro normalmente está com todos os sentidos e toda energia voltados a uma única coisa: tudo. A essencialidade de fazer tudo funcionar sobrepõe qualquer necessidade de holofote. Pelo menos, até aqui. Assim como Arak, aquele jovem caçador da tribo, o Maestro precisa sentir cheiro, ouvir o som que não é cantado e entender cada semitom que é tocado fora do tempo. Ninguém mais precisa perceber, mas é sua obrigação ver e ouvir tudo. Da mesma maneira, muitos de nós enfrentamos negociações onde a habilidade de ler o que não é dito se torna mais poderosa do que o som das palavras.

Negociação é uma arte que transcende o campo da lógica. Não é apenas o ato de trocar informações, mas de reger uma sinfonia composta por nuances humanas: razão, instinto, emoção e ego. Cada elemento dessa composição precisa ser afinado para produzir harmonia, e é aí que o papel do maestro – o negociador – se destaca.

Imagine-se diante de uma reunião crucial. À mesa, duas pessoas discutem uma fusão milionária. Nos papéis que ocupam, são executivos, líderes racionais lidando com números e estratégias. Mas no palco invisível da negociação, as emoções são protagonistas. Um deles sente o peso do orgulho; o outro esconde a insegurança por trás de um tom calmo.

Aqui, a metáfora do maestro é essencial: você não controla diretamente todos os instrumentos, mas influencia o ritmo, a intensidade e o tom da negociação. O silêncio se torna uma pausa dramática, o olhar um gesto que convida ou repele, e o tom de voz é a batuta que rege os sentimentos na sala.

Arak entendeu isso ao manipular a tensão da tribo sem palavras urgentes, mas com gestos precisos e falas medidas. O silêncio de Arak foi tão ensurdecedor que Gor, o líder da tribo, foi compelido a agir. Ele acreditava estar no controle, mas, na verdade, seguia um plano já traçado por alguém que dominava a arte de moldar o pensamento.

O cérebro humano é dividido entre o racional e o emocional. Durante uma negociação, essas partes entram em conflito constante. O sistema límbico, governado pelo instinto, diz: "Proteja-se! Vença!" Já o neocórtex, a sede da razão, pede cautela: "Planeje. Estruture."

Esse equilíbrio define o sucesso ou o fracasso de qualquer diálogo. Como na história de Arak, estratégia e instinto caminham lado a lado. Ele sabia que apenas apresentar as pegadas do cervo não seria suficiente. Foi necessário provocar curiosidade, criar um espaço de tensão e permitir que Gor se convencesse do próprio desejo de agir.

Exemplos históricos, como as conquistas de Alexandre, o Grande, ilustram essa dualidade. Ele usava a razão para planejar campanhas impecáveis e o instinto para liderar exércitos em momentos de crise. Esse equilíbrio entre cálculo e emoção é a base de toda negociação bem-sucedida.

Mas, antes de enfrentar o outro, é preciso derrotar a si mesmo. O ego, com seu desejo insaciável de validação, pode ser um sabotador traiçoeiro. Ele transforma concessões estratégicas em fraquezas e alimenta a necessidade de vencer a qualquer custo.

O filósofo estoico Epicteto disse: "Não são as coisas que nos perturbam, mas as opiniões que temos sobre elas." Nelson Mandela exemplificou isso ao negociar com os líderes do apartheid. Ele controlou seu ego, engolindo anos de mágoas, para colocar a causa acima de suas emoções pessoais.

Na prática, superar o ego significa reconhecer que nem toda vitória é imediata ou explícita. Às vezes, o verdadeiro triunfo está em conduzir a negociação para um desfecho onde todos se sintam vencedores, mesmo que a ideia original tenha partido de você.

Muitos acreditam que uma negociação se ganha com palavras. Na verdade, ela começa no silêncio – na pausa que permite observar, processar e ajustar o rumo. Como em uma sinfonia, onde os espaços entre as notas criam a melodia, o silêncio é a arma mais subestimada de um negociador.

Imagine um jogador de xadrez que, ao invés de falar, observa atentamente cada movimento do adversário. Assim também deve agir o negociador. Uma pausa estratégica pode transformar uma proposta hesitante em uma oportunidade de ouro.

Certa vez, presenciei uma negociação onde o silêncio foi mais eloquente que qualquer argumento. O negociador, em vez de pressionar, deixou que o outro lado preenchesse o vazio com informações que não estavam no plano inicial. Foi um xeque-mate silencioso.

Gestos, olhares e tons de voz são instrumentos dessa orquestra. Eles moldam a percepção e criam uma narrativa invisível. Arak sabia que manter a cabeça baixa enquanto afiava suas ferramentas fazia parte do show. Sua linguagem corporal não pedia atenção, mas a provocava.

Da mesma forma, um negociador atento percebe os sinais não verbais antes mesmo de a conversa começar. O aperto de mão, o tom de voz ao cumprimentar, a escolha do assento – tudo é comunicação.

Aristóteles, em sua Retórica, já apontava que conhecer o público é essencial para persuadi-lo. Transpondo isso para os tempos modernos, um negociador precisa afinar sua observação para adaptar sua abordagem.

Falar muito não é sinal de domínio, mas de ansiedade. Um erro comum é acreditar que preencher o silêncio é necessário. Na verdade, o silêncio gera tensão e força o outro lado a revelar mais do que pretendia.

O verdadeiro maestro sabe que a pausa não é ausência, mas presença. É o espaço onde a curiosidade cresce e onde a mente do outro lado começa a trabalhar a seu favor.

Assim como Arak moldou a conversa com Gor, você também pode conduzir uma negociação deixando que o outro acredite estar no controle. Não é sobre manipular, mas sobre entender que, às vezes, as pessoas precisam se sentir autoras de suas decisões para abraçá-las por completo.

**A Jornada Começa**

Caro leitor, este é apenas o início de nossa sinfonia. Ao longo dos próximos capítulos, exploraremos as técnicas, as histórias e os fundamentos que transformarão sua percepção sobre negociação. Este é o chamado do maestro – a oportunidade de aprender a reger o ritmo, a intensidade e a harmonia das interações humanas.

Seja bem-vindo ao espetáculo.

# Capítulo 2
# Entre a Razão e o Instinto

## A Arte da Dualidade

Na arena da negociação, o palco está dividido entre dois protagonistas: razão e instinto. São forças que competem e se complementam, moldando cada decisão que tomamos. Dominar essa balança é um dos maiores desafios para qualquer negociador. Para isso, é preciso não apenas entender as dinâmicas internas que nos movem, mas também aprender a manipular essas mesmas forças no outro.

A razão é metódica, estruturada e lógica. É ela que nos permite analisar fatos, calcular riscos e prever consequências. Por outro lado, o instinto é visceral, emocional e imediato. Ele nos protege de perigos, ativa nossas paixões e nos conecta de maneira mais profunda com os outros. Durante uma negociação, essas forças duelam não apenas dentro de nós, mas também no campo de batalha emocional do interlocutor.

## A dualidade no campo da negociação

Imagine-se em uma sala de reuniões. Você apresenta um argumento racional, fundamentado em dados sólidos e estratégias calculadas. O outro lado, entretanto, responde com um tom de voz hesitante, movido por um medo de arriscar ou pelo desejo de proteger interesses pessoais. Nesse momento, o conflito entre razão e instinto não é apenas seu, mas compartilhado.

A negociação bem-sucedida ocorre no ponto de interseção entre essas forças. O papel do negociador é identificar esse ponto e usá-lo como alavanca para alcançar seus objetivos.

### Arak e o equilíbrio instintivo

Assim como Ulisses resistiu ao canto das sereias, Arak enfrentou sua própria batalha interna ao lidar com Gor, o líder da tribo. Ele sabia que, para obter o que queria, precisava equilibrar lógica e emoção. Suas palavras precisavam ressoar na razão de Gor, mas também despertar um instinto primitivo de sobrevivência e liderança. Ao criar uma narrativa que destacava tanto a oportunidade quanto o risco, Arak foi capaz de manipular as percepções do líder, conduzindo-o ao desfecho desejado.

Essa história é um exemplo poderoso de como a negociação, mesmo em seus primórdios, sempre foi uma dança entre mente e coração. E hoje, milhares de anos depois, essa dinâmica continua tão relevante quanto antes.

### A Psicologia por trás do equilíbrio

A neurociência moderna oferece uma explicação clara para o conflito entre razão e emoção. Nosso cérebro é dividido em áreas que, juntas, influenciam nossas decisões. O neocórtex, responsável pelo pensamento lógico, é mais lento, deliberado e analítico. Já o sistema límbico, que controla as emoções e instintos, responde de maneira rápida e automática.

Daniel Kahneman, vencedor do Prêmio Nobel de Economia, explorou esses sistemas em seu livro *Rápido e Devagar: Duas Formas de Pensar*. Ele argumenta que, embora valorizemos a lógica, são as emoções que frequentemente guiam nossas decisões. Isso porque o sistema límbico é ativado antes do neocórtex, influenciando nossa percepção antes mesmo de termos consciência disso.

Por exemplo, em uma negociação salarial, um funcionário pode usar argumentos racionais para justificar um aumento – dados de desempenho, resultados alcançados, métricas. No entanto, se o empregador estiver emocionalmente desconfortável com a ideia de aumentar custos, esses argumentos lógicos terão pouco impacto.

Steve Jobs, cofundador da Apple, era um mestre em combinar lógica e emoção. Durante o lançamento do primeiro iPhone, ele não se limitou a apresentar especificações técnicas. Jobs criou uma narrativa envolvente, mostrando como o dispositivo revolucionaria a vida das pessoas. Ele ativou o desejo emocional de inovação e status, enquanto sustentava sua apresentação com dados sólidos.

Durante as negociações que levaram ao fim do apartheid, Nelson Mandela enfrentou interlocutores profundamente hostis. Ele soube controlar suas emoções, mantendo o foco em argumentos racionais, mas também usou histórias emocionais para criar empatia e desarmar a oposição. Sua abordagem equilibrada transformou inimigos em aliados.

**O Perigo do Desequilíbrio**

Quando emoção ou razão dominam completamente uma negociação, os resultados podem ser catastróficos. Considere dois cenários extremos:

1. **Excesso de Emoção:** Um negociador emocionalmente envolvido pode ceder mais do que deveria, motivado por um desejo de agradar ou evitar conflitos. Ele ignora os dados e compromete seus próprios interesses.

2. **Excesso de Razão:** Um negociador excessivamente racional pode parecer frio e insensível, afastando o outro lado e minando a confiança. Ele se esquece de que as

pessoas são movidas por sentimentos, não apenas por números.

O equilíbrio é fundamental. É necessário navegar entre esses extremos com precisão, adaptando sua abordagem conforme a dinâmica da negociação.

**Estratégias práticas para alcançar o equilíbrio**

1. **Reconheça Seus Próprios Biases:** Antes de entrar em uma negociação, reflita sobre suas tendências naturais. Você se inclina mais para a lógica ou para a emoção? Conhecer sua própria predisposição ajuda a compensar possíveis desequilíbrios.

2. **Entenda as Motivações do Outro:** Pergunte-se: "O que realmente importa para o outro lado?" Identifique seus medos, desejos e motivações. Isso permitirá que você adapte sua abordagem de maneira mais eficaz.

3. **Use Dados para Sustentar Emoções:** Combine argumentos racionais com narrativas emocionais. Por exemplo, ao vender um produto, apresente os benefícios práticos, mas também crie uma imagem de como ele pode melhorar a vida do cliente.

4. **Controle o Ritmo da Conversa:** Use pausas estratégicas para desacelerar a negociação, permitindo que as emoções do outro lado sejam processadas. Isso também dá tempo para ajustar sua estratégia.

5. **Aprenda a Ler Sinais Não Verbais:** A linguagem corporal pode revelar se o outro lado está respondendo mais à lógica ou à emoção. Preste atenção a expressões faciais, postura e tom de voz.

## A Negociação de Alto Risco

Durante uma negociação entre uma empresa emergente e um investidor veterano, o fundador da startup começou apresentando dados impressionantes sobre o potencial de crescimento da empresa. No entanto, ele percebeu que o investidor estava hesitante, mostrando sinais de desconfiança.

Em vez de insistir nos números, o fundador mudou sua abordagem. Ele compartilhou uma história pessoal sobre os desafios enfrentados para criar a empresa, tocando na emoção do investidor. A mudança foi suficiente para conquistar sua confiança, e o acordo foi fechado. Esse caso ilustra como o equilíbrio entre razão e emoção pode virar o jogo em uma negociação.

## O Maestro do Equilíbrio

Negociar é como conduzir uma orquestra. Cada instrumento – emoção, lógica, instinto – deve ser afinado e tocado no momento certo. O verdadeiro mestre da negociação sabe quando permitir que a razão assuma o comando e quando deixar que a emoção conduza a melodia.

Nas palavras de Friedrich Nietzsche: "O equilíbrio perfeito entre força e suavidade é a essência da maestria." Como negociador, seu papel é encontrar esse equilíbrio, transformando conversas em acordos e conflitos em oportunidades.

No próximo capítulo, exploraremos o poder do silêncio – a nota mais subestimada na sinfonia da negociação. Prepare-se para descobrir como ele pode transformar uma conversa comum em uma estratégia magistral.

# Capítulo 3

# O Silêncio é a nota mais poderosa na sinfonia

## A Importância do Silêncio

No palco das negociações, onde palavras podem ser afiadas como lâminas e argumentos preparados como flechas, o silêncio surge como a arma mais subestimada. Enquanto muitos enxergam o silêncio como um vazio, na verdade, ele é a moldura onde os pensamentos ganham forma, as emoções se intensificam e as estratégias são decididas. Ele é, para o maestro da negociação, o espaço entre as notas que define a harmonia da melodia.

O silêncio, no entanto, é uma ferramenta delicada. Usá-lo com maestria requer não apenas autocontrole, mas também uma compreensão profunda do impacto que ele exerce no outro. Assim como na música, o silêncio na negociação não é ausência, mas presença estratégica, uma pausa que carrega significado e influência.

A neurociência revela que o cérebro humano detesta o vazio. Quando confrontados com o silêncio, somos naturalmente compelidos a preenchê-lo, muitas vezes revelando mais do que planejávamos. Esse fenômeno, conhecido como *gap filling* (preenchimento de lacunas), é uma das razões pelas quais o silêncio é tão poderoso nas negociações.

Considere o exemplo de um advogado experiente em um tribunal. Ele faz uma pergunta incisiva à testemunha e, em vez de interromper ou insistir, permanece em silêncio, encarando-a. A tensão no ar força a testemunha a responder de forma impulsiva, muitas vezes entregando informações valiosas ou se contradizendo. Esse mesmo princípio se aplica à mesa de negociação: o silêncio cria um desequilíbrio emocional que pode ser usado a favor de quem o domina.

**O Silêncio como ferramenta estratégica**

1. **Criando Tensão Positiva:** O silêncio pode ser usado para desacelerar uma negociação e colocar o controle de volta nas mãos do negociador. Ao apresentar uma proposta e permanecer em silêncio, você transfere o peso da próxima ação para o interlocutor, forçando-o a reagir.

*Exemplo:* Durante uma negociação salarial, um gerente apresenta um valor e então se cala. A pausa estratégica força o funcionário a processar a proposta antes de reagir, muitas vezes conduzindo a concessões inesperadas.

2. **Demonstrando Autocontrole:** Permanecer em silêncio quando pressionado é um sinal de confiança e domínio. Ele demonstra que você não é facilmente intimidado e está confortável com o ritmo da conversa.

3. **Provocando Reflexão:** Quando confrontado com resistência, o silêncio pode ser usado para criar um espaço onde o outro lado reavalia sua posição. Essa pausa muitas vezes leva a insights ou a uma disposição maior para negociar.

Em 1962, durante a Crise dos Mísseis em Cuba, os Estados Unidos e a União Soviética estavam à beira de um confronto nuclear. Em uma das reuniões mais tensas, o então presidente John F. Kennedy usou o silêncio como uma tática crucial. Quando confrontado com uma demanda soviética inesperada, ele permaneceu em silêncio, forçando seu oponente a reconsiderar a posição. Esse momento de pausa foi decisivo para que ambas as partes evitassem a escalada do conflito.

Chris Voss, um dos maiores negociadores de reféns do FBI, é conhecido por sua habilidade em usar o silêncio para criar tensão controlada. Em um caso famoso, ele usou longas pausas para obrigar o sequestrador a falar mais do que planejava, revelando informações críticas que levaram à libertação segura dos reféns. Como ele mesmo explica: "O silêncio não é vazio; é um espaço de construção estratégica."

**Quando Usar o Silêncio:**

- **Após uma Proposta:** Ao apresentar uma ideia ou uma oferta, permaneça em silêncio. Isso força o outro lado a processar a informação antes de responder.

- **Diante de Hostilidade:** Em discussões acaloradas, o silêncio pode desarmar tensões e demonstrar autocontrole.

- **Para Ganhar Tempo:** Use o silêncio para refletir antes de responder a perguntas difíceis ou inesperadas.

**Como usar o silêncio:**

1. **Combine com Linguagem Corporal:** Um silêncio eficaz é reforçado por uma postura confiante. Mantenha contato visual e uma expressão neutra para amplificar seu impacto.

2. **Não Quebre o Ritmo:** Resista à tentação de preencher o silêncio com justificativas ou explicações. Permita que ele cumpra sua função.

3. **Adapte ao Contexto:** Em culturas onde o silêncio é visto como respeito, ele pode ser usado para construir confiança. Em outras, pode ser percebido como desinteresse. Ajuste sua abordagem conforme o ambiente.

***

Pense em uma sinfonia. As pausas entre as notas não são meras interrupções; elas são o que dão forma e significado à música. Da mesma forma, na negociação, o silêncio é o espaço onde a comunicação implícita acontece. Ele é a respiração entre as palavras, o momento em que a atenção é redirecionada e as emoções são amplificadas.

**Nelson Mandela e o silêncio estratégico**

Nelson Mandela, durante as negociações para o fim do apartheid, usava o silêncio como uma forma de demonstrar força interior. Em um encontro com líderes políticos que se opunham à igualdade racial, ele ouviu pacientemente seus argumentos sem interrompê-los. Quando chegou sua vez de falar, fez uma pausa longa antes de responder. Esse momento de silêncio não apenas desarmou os ânimos, mas também reforçou sua autoridade moral.

**Warren Buffett e o Valor da Reflexão**

Warren Buffett, conhecido por sua abordagem meticulosa, é famoso por usar o silêncio para tomar decisões importantes. Em uma reunião com acionistas, ele foi questionado sobre uma aquisição controversa. Em vez de responder imediatamente, ele fez uma pausa prolongada, indicando que estava refletindo profundamente. Sua resposta, quando veio, foi recebida com mais peso e consideração, justamente por causa da pausa que a precedeu.

***

Embora o silêncio seja poderoso, ele também pode ser mal interpretado. Um silêncio prolongado pode ser visto como desinteresse, desrespeito ou até mesmo insegurança. Para evitar isso, é importante equilibrá-lo com sinais de atenção e engajamento, como contato visual, expressões faciais e gestos sutis.

Nas palavras de Friedrich Nietzsche: "O que não é dito pode ser mais importante do que o que é falado." O silêncio, quando usado estrategicamente, é mais do que uma pausa; é uma declaração. Ele pode revelar verdades ocultas, criar espaço para a introspecção e moldar o curso de uma negociação inteira.

Dominar o silêncio é, em última análise, uma prova de maestria. Assim como um maestro controla o ritmo de uma orquestra, o negociador habilidoso usa o silêncio para guiar a conversa, amplificar suas intenções e criar impacto duradouro.

O silêncio provoca no ser humano uma resposta quase automática: preencher o vazio. Esse desconforto psicológico é tão instintivo que muitas vezes o fazedor do silêncio é percebido como o detentor do controle. Para entender isso, basta observar a dinâmica em salas de reunião, interrogatórios ou até mesmo em interações casuais. Quem domina o silêncio normalmente dita o ritmo.

Um estudo realizado por psicólogos da Universidade de Stanford investigou o impacto do silêncio em negociações. Em cenários simulados, as partes que utilizavam pausas estratégicas não apenas conseguiam melhores condições, mas também eram vistas como mais confiantes e racionais. Isso ocorre porque o silêncio induz a introspecção, obrigando o interlocutor a preencher a lacuna com suas próprias interpretações, revelações ou concessões.

Negociações internacionais estão repletas de exemplos do uso magistral do silêncio. Henry Kissinger, ex-secretário de Estado dos EUA, era famoso por fazer longas pausas durante as negociações. Em reuniões com líderes estrangeiros, ele esperava que o silêncio os empurrasse a compartilhar mais informações ou a revisar suas posições. "Às vezes, o maior argumento é o que você não faz," dizia ele, ecoando uma verdade universal sobre o silêncio.

Mesmo fora dos palcos das grandes decisões globais, o silêncio é igualmente eficaz. Imagine uma negociação salarial entre um funcionário e seu gerente. O funcionário faz uma solicitação específica e, em vez de preencher o espaço com justificativas, fica em silêncio, mantendo o contato visual. O desconforto faz com que o gerente comece a refletir mais sobre o pedido, considerando elementos que antes nem estavam na mesa.

Para utilizar o silêncio de maneira eficaz, é preciso dominar o ritmo e a intenção. Assim como um maestro não faz pausas aleatórias, o negociador deve aplicar o silêncio com propósito. Aqui estão algumas diretrizes:

1. **Silêncio de Impacto:** Após apresentar uma ideia ou argumento-chave, faça uma pausa. Esse momento permite que o outro lado assimile o conteúdo e sinta o peso da mensagem.

*Exemplo:* "Essa solução não só reduzirá seus custos em 30%, mas também dobrará a eficiência operacional." (Pausa para absorção).

2. **Silêncio Reflexivo:** Diante de uma proposta ou objeção, use o silêncio para mostrar que você está considerando cuidadosamente a posição do outro.

3. **Silêncio de Desarmamento:** Em momentos de tensão, o silêncio pode ser usado para dissipar emoções negativas. Ele sinaliza paciência e abertura.

\*\*\*

**O Negociador Experiente**

Em um debate entre duas startups buscando investimento, o fundador de uma delas apresentou uma projeção financeira otimista. Quando pressionado sobre os riscos, ele respondeu com um olhar confiante, mas permaneceu em silêncio. Os investidores, intrigados, interpretaram o silêncio como segurança e decidiram aprofundar a conversa, enquanto seu concorrente, mais verborrágico, acabou levantando dúvidas sobre sua seriedade.

**A Arte no Campo Jurídico**

Nos tribunais, advogados frequentemente usam o silêncio como arma. Uma advogada de defesa, ao perceber a inconsistência no depoimento de uma testemunha, decidiu não interrompê-la. Ela esperou, em silêncio, até que a testemunha se contradissesse completamente. O silêncio, nesse caso, tornou-se mais eficaz do que qualquer objeção.

*\*\*\**

Embora o impacto do silêncio seja universal, ele é interpretado de maneira diferente em culturas e contextos. No Japão, por exemplo, o silêncio é considerado um sinal de respeito e sabedoria. Negociadores japoneses são conhecidos por usar longos períodos de silêncio para pensar e absorver informações. Já em culturas ocidentais, onde o dinamismo verbal é mais valorizado, o silêncio pode ser visto como hesitação ou desinteresse. A habilidade de adaptar o uso do silêncio ao contexto cultural é uma vantagem estratégica.

**Transformando Silêncio em Poder**

1. **Crie Espaço para o Outro:** O silêncio não é apenas sobre o que você faz; é também sobre o que você permite que o outro faça. Ao criar espaço, você incentiva seu interlocutor a preencher o vazio, frequentemente com informações cruciais.

2. **Estabeleça Presença:** O silêncio, quando aliado a uma postura confiante, estabelece autoridade. Use contato visual e linguagem corporal para amplificar seu impacto.

3. **Aproveite a Vulnerabilidade:** O silêncio força o outro lado a enfrentar suas próprias incertezas, criando oportunidades para explorar essas vulnerabilidades.

O silêncio, em sua simplicidade, é uma das ferramentas mais sofisticadas do negociador. Ele não apenas controla o ritmo da conversa, mas também revela verdades ocultas e cria conexões emocionais. Para o maestro da negociação, o silêncio é a pausa que transforma um diálogo comum em uma obra-prima estratégica.

# Capítulo 4
# O lado oculto das palavras

**A linguagem como fundamento da influência**

Desde os primórdios da civilização, as palavras desempenham um papel central no modo como os humanos moldam o mundo. Discursos, negociações e até confrontos foram vencidos ou perdidos com base no domínio da linguagem. No campo da negociação, as palavras não são apenas ferramentas para transmitir ideias; elas são alavancas que movem emoções, moldam percepções e criam realidades.

Um exemplo clássico é o Tratado de Versalhes, assinado após a Primeira Guerra Mundial. Enquanto as palavras do tratado prometiam paz, a escolha de termos como "reparações" e "culpa" plantou sementes de ressentimento e instabilidade que mais tarde culminariam na Segunda Guerra Mundial. Esse caso emblemático demonstra que as palavras não são neutras; elas carregam intenções, expectativas e consequências.

**A Força Oculta das Palavras**

Palavras têm uma dualidade fascinante: podem ser escudo ou espada, ponte ou barreira. Em uma negociação, elas desempenham três papéis fundamentais:

1. **Clarificar**: Elas definem termos, estabelecem objetivos e criam alinhamento.

2. **Influenciar**: Moldam emoções e percepções do outro lado.

3. **Decidir**: Encerram debates, selam compromissos e solidificam acordos.

Quando usadas estrategicamente, as palavras podem criar um efeito quase hipnótico, levando o interlocutor a aceitar ideias que antes pareciam inaceitáveis. Pense em slogans como "Just do it" da Nike ou "Think different" da Apple. Eles condensam uma filosofia inteira em poucas palavras, deixando uma marca indelével na mente do consumidor.

Nem todas as palavras têm o mesmo impacto em todos os cenários. O contexto, tanto cultural quanto emocional, influencia profundamente a forma como uma mensagem é recebida. Por exemplo, a palavra "desafio" pode inspirar em um ambiente corporativo competitivo, mas causar ansiedade em um contexto mais conservador ou em um momento de crise.

Considere um negociador experiente que, ao lidar com diferentes culturas, ajusta seu vocabulário de acordo com o público. Em negociações no Japão, ele evita expressões muito diretas, optando por frases que insinuam, em vez de afirmar. Já em negociações nos Estados Unidos, ele utiliza termos assertivos, que demonstram confiança e clareza. Essa adaptabilidade linguística é um diferencial crucial.

**A Psicologia das Palavras: Gatilhos Mentais**

Na psicologia, os gatilhos mentais são estímulos que provocam respostas automáticas no cérebro. Palavras específicas podem acionar esses gatilhos, tornando-as ferramentas poderosas em negociações. Entre os gatilhos mais eficazes estão:

- **Reciprocidade**: Usar expressões como "faço isso por você" ativa a sensação de dívida emocional.

- **Escassez**: Termos como "última oportunidade" ou "exclusivo" criam urgência.

- **Autoridade**: Frases como "segundo especialistas" reforçam credibilidade.

**Exemplo prático:** Imagine que você está vendendo um produto premium. Ao invés de dizer "é caro", você diz "é exclusivo, feito para poucos". A mudança no vocabulário transforma a percepção de custo em valor.

Em qualquer negociação, confiança é o alicerce. Palavras escolhidas com cuidado podem criar uma atmosfera de segurança e abertura. Quando você usa expressões como "vamos resolver isso juntos" ou "quero entender sua perspectiva", cria um campo de colaboração em vez de confronto. Esse tipo de linguagem conecta emocionalmente as partes, facilitando o progresso.

Agora, considere o contrário: palavras mal escolhidas podem quebrar instantaneamente esse vínculo. Frases como "é assim que funciona" ou "não há outra opção" transmitem rigidez e desencorajam o diálogo. O tom autoritário pode funcionar em situações específicas, mas geralmente mina o potencial de soluções criativas e acordos mútuos.

No mundo corporativo, muitas vezes caímos na armadilha do jargão. Expressões como "sinergia", "benchmarking" ou "alinhamento estratégico" podem impressionar em uma apresentação, mas são ineficazes em negociações, onde clareza e simplicidade são fundamentais. Um comunicador eficaz traduz ideias complexas em termos acessíveis, eliminando barreiras de compreensão.

**Exemplo prático:** Em uma reunião para fechar uma parceria estratégica, em vez de dizer: "Precisamos identificar os KPIs para garantir a viabilidade da integração", prefira: "Vamos escolher algumas métricas-chave para medir o sucesso dessa parceria." A segunda frase é direta, acessível e evita distrações desnecessárias.

Em negociações, não basta inspirar ou conectar. É preciso levar o interlocutor à ação. Para isso, verbos que sugerem movimento e comprometimento são fundamentais: "implementar", "acelerar", "realizar". Eles criam um senso de urgência e direcionamento.

Por outro lado, verbos vagos ou passivos, como "considerar" ou "estudar", enfraquecem a mensagem e podem sinalizar falta de convicção. Um negociador assertivo usa linguagem que aponta para a ação imediata, mantendo o foco no objetivo final.

**O Looping de Sim Crescente**

Uma técnica avançada na arte das palavras é o "Sim Progressivo". Ela envolve fazer perguntas que levam o interlocutor a concordar repetidamente, criando uma sequência de validação que culmina em um "sim" final para o objetivo desejado.

**Exemplo:** Em uma negociação salarial, um empregador pode perguntar:

1. "Você concorda que seu trabalho tem sido essencial para a empresa?"
2. "Você também acredita que seu desempenho tem superado as expectativas?"
3. "Então, não faz sentido que reconheçamos esse esforço com uma remuneração ajustada?"

Essa sequência de perguntas não apenas valida a posição do interlocutor, mas também torna difícil recusar o ponto final sem parecer contraditório.

**Casos Reais de Transformação com Palavras**

1. **O Discurso de Nelson Mandela** Quando Mandela foi libertado da prisão após 27 anos, ele poderia ter optado por palavras de vingança. Em vez disso, escolheu o caminho da reconciliação, usando frases como: "Nunca, nunca e nunca mais esta bela terra experimentará a opressão de um pelo outro." Suas palavras criaram um novo começo para a África do Sul, mostrando o poder transformador da linguagem.

2. **A Carta de Abraham Lincoln** Durante a Guerra Civil Americana, Lincoln escreveu uma carta a Ulysses S. Grant, elogiando-o por suas conquistas no campo de batalha. Ele usou palavras de encorajamento e reconhecimento, como "suas ações foram essenciais para a união". Essa abordagem não apenas reforçou a moral de Grant, mas fortaleceu a relação de confiança entre os dois líderes.

Nunca subestime a importância de alinhar as palavras ao estado emocional do interlocutor. Alguém que se sente inseguro precisa ouvir palavras que tragam segurança. Alguém que está com raiva precisa de validação antes de qualquer tentativa de racionalização.

Por exemplo, ao lidar com um cliente insatisfeito, frases como "Entendo sua frustração e quero encontrar uma solução" desarmam o estado emocional e abrem espaço para o diálogo. Ignorar as emoções ou tentar racionalizá-las imediatamente apenas agrava a resistência.

**O Poder do Storytelling na Negociação**

Storytelling é uma das formas mais antigas e poderosas de comunicação. Desde os tempos em que os humanos se reuniam em torno de fogueiras para compartilhar histórias de caça e mitos sobre o universo, até os dias atuais, onde discursos motivacionais, palestras de negócios e campanhas publicitárias cativam audiências, as histórias têm sido usadas para conectar, persuadir e inspirar. No contexto da negociação, o storytelling não é apenas uma ferramenta de persuasão; é uma ponte entre lógica e emoção, razão e instinto.

O cérebro humano é biologicamente programado para responder a histórias. Quando ouvimos uma narrativa bem construída, várias áreas do cérebro são ativadas: a região responsável pela linguagem, as que processam emoções e até aquelas ligadas à memória sensorial. Isso acontece porque, ao ouvir uma história, nós nos colocamos no lugar dos personagens, imaginamos cenários e vivemos a experiência descrita.

Por exemplo, se você contar uma história sobre como alguém superou um grande desafio, o ouvinte pode ativar áreas do cérebro associadas à empatia e à tomada de decisão. Isso cria uma conexão emocional, tornando o interlocutor mais receptivo à mensagem que você deseja transmitir.

**Storytelling na Prática da Negociação**

Em uma negociação, o storytelling pode ser usado para:

1. **Estabelecer conexão emocional**: Compartilhar uma história pessoal ou um caso real faz com que o outro lado se veja na situação e sinta que você compreende suas preocupações.

2. **Reduzir resistências**: Narrativas têm o poder de quebrar barreiras psicológicas, fazendo com que o interlocutor esteja mais disposto a ouvir.

3. **Inspirar ação**: Histórias bem contadas não apenas informam, mas também motivam e orientam decisões.

4. **Reforçar argumentos**: Ao invés de apresentar números frios, uma história pode dar vida aos dados, ilustrando o impacto real de uma decisão ou solução.

**Os Elementos de uma Boa História**

Toda boa história segue uma estrutura básica que pode ser adaptada para o contexto da negociação:

1. **Abertura**: Introduza o cenário e os personagens. Mostre o contexto que vai envolver o ouvinte. No caso de uma negociação, você pode começar descrevendo um desafio comum enfrentado no setor ou por outras empresas.

Exemplo: "Há alguns anos, um pequeno empresário enfrentava dificuldades em expandir sua loja. Apesar de ter um excelente produto, ele não conseguia alcançar o público certo."

2. **Conflito**: Toda boa história tem um desafio ou problema a ser resolvido. Isso cria tensão, que é essencial para manter o interesse.

Exemplo: "Os custos de marketing estavam altos, e ele não tinha experiência para planejar uma campanha eficaz. As vendas começaram a cair, e ele pensou em desistir."

3. **Clímax**: O momento em que algo muda, a decisão é tomada ou uma nova abordagem é introduzida.

Exemplo: "Foi então que ele encontrou uma solução personalizada: um programa de franquias que oferecia suporte completo, desde marketing até treinamento de equipe."

4. **Resolução**: Mostre como o problema foi resolvido e quais foram os resultados.

Exemplo: "Hoje, esse empresário é dono de 10 franquias e viu seu faturamento crescer exponencialmente. Ele diz que a decisão de investir no modelo foi o divisor de águas em sua vida."

5. **Chamada à Ação**: Conecte a história ao ponto que você quer destacar na negociação, seja uma proposta, um produto ou uma solução.

Exemplo: "Assim como ele, você também pode transformar desafios em oportunidades. E estamos aqui para ajudá-lo nesse processo."

**A Ciência do Storytelling em Negociações**

Estudos mostram que as histórias ativam não apenas a atenção, mas também criam um efeito chamado **"acoplamento neural"**, onde o cérebro do narrador e o do ouvinte sincronizam suas atividades. Isso significa que, quando você conta uma história, sua mensagem se torna mais envolvente e memorável.

No ambiente corporativo, isso é crucial. Um número ou dado pode ser esquecido, mas uma boa história permanece na mente. Considere uma apresentação de vendas. Se você simplesmente listar os benefícios de um produto, o impacto será limitado. No entanto, ao contar como o produto mudou a vida de um cliente, você ativa as emoções e torna seu argumento mais persuasivo.

**Cases**

1. **Negociações Corporativas**: Em uma negociação entre empresas para a adoção de um software de gestão, o vendedor compartilhou a história de um cliente anterior que enfrentava desafios semelhantes. Ao mostrar como o software ajudou aquela empresa a economizar 30% dos custos, ele não apenas apresentou uma solução, mas também gerou credibilidade e confiança.

2. **Gestão de Crises**: Durante uma crise econômica, um executivo utilizou o storytelling para motivar sua equipe. Ele contou a história de um empresário que superou tempos difíceis ao adotar estratégias inovadoras, inspirando sua equipe a seguir em frente com otimismo.

3. **Mediação de Conflitos**: Em uma negociação trabalhista, um mediador compartilhou a história de um acordo bem-sucedido em outra empresa, mostrando como ambas as partes poderiam ganhar ao encontrar um equilíbrio. Isso ajudou a reduzir a tensão e encontrar uma solução mutuamente benéfica.

**Como usar storytelling com eficácia**

1. **Conheça seu público**: Adapte sua história às preocupações e interesses do interlocutor. Uma história que

ressoe com as emoções e aspirações do outro lado terá maior impacto.

2. **Seja autêntico**: Histórias exageradas ou irreais podem prejudicar sua credibilidade. Use narrativas baseadas em fatos reais ou em sua experiência.
3. **Enfatize o benefício**: Conecte a resolução da história diretamente ao que você está oferecendo.
4. **Seja conciso**: Embora as histórias devam ser detalhadas, elas não devem ser longas demais. Vá direto ao ponto.
5. **Use metáforas e analogias**: Isso torna sua história mais visual e fácil de lembrar.

O storytelling é mais do que uma técnica; é uma forma de criar conexões humanas. Em um mundo onde a lógica e os dados dominam, as histórias trazem emoção, autenticidade e um senso de propósito. Na negociação, elas são um lembrete de que, no centro de todas as decisões, estão as pessoas e suas emoções.

Então, caro leitor, ao conduzir sua próxima negociação, pergunte-se: **qual história você quer contar?** Porque, ao final do dia, são as histórias que lembramos, as histórias que nos movem e, acima de tudo, as histórias que nos fazem agir.

Assim como o maestro controla a intensidade, o ritmo e a harmonia de sua orquestra, o negociador controla as palavras para conduzir a interação. Cada termo escolhido, cada pausa e cada reformulação carrega um impacto que vai além do momento presente.

As palavras têm o poder de transformar conflitos em cooperação, hesitação em ação e resistência em aceitação. Dominar essa arte é essencial para qualquer pessoa que deseja liderar com impacto e alcançar resultados extraordinários.

# Capítulo 5
# O espelho da empatia

A empatia, muitas vezes vista como um traço de compaixão ou bondade, é na verdade uma ferramenta poderosa na arte da negociação. Para o maestro, ela não é apenas um ato de se conectar emocionalmente, mas um mecanismo estratégico. Ao usar a empatia como um espelho, você reflete os medos, desejos e esperanças do interlocutor, criando uma conexão que desarma resistências e fortalece alianças.

A analogia do espelho é simples: quando você reflete os sentimentos e pensamentos do outro, cria um ambiente de conforto e confiança. Em uma negociação, isso pode significar a diferença entre a colaboração e o confronto.

Imagine uma sala de reuniões onde uma das partes está visivelmente nervosa. Ao reconhecer isso com uma frase como "Percebo que esse ponto parece ser particularmente importante para você", você demonstra atenção e validação. Essa abordagem não é apenas cortesia; é uma estratégia calculada para desarmar defesas emocionais.

Neurocientistas identificaram os chamados **neurônios-espelho**, que são ativados quando observamos ações ou emoções em outra pessoa. Esses neurônios nos permitem entender e até sentir o que o outro está vivenciando. Ao demonstrar empatia em uma negociação, você ativa esses neurônios no interlocutor, criando um ciclo de reciprocidade emocional.

Carl Rogers, um dos grandes nomes da psicologia humanista, descreveu a empatia como a capacidade de "ouvir com o coração". Ele acreditava que, ao refletir sentimentos de maneira genuína, era possível mudar a dinâmica de qualquer interação. No contexto da negociação, isso significa ouvir mais do que as palavras — é entender as emoções que estão nas entrelinhas.

**Empatia na Prática: Casos e Exemplos**

1. **A Negociação Corporativa**: Uma CEO, ao apresentar um novo projeto para um grupo de investidores, percebeu hesitação em alguns deles. Em vez de insistir apenas nos números, ela reconheceu o desconforto: "Se eu estivesse no seu lugar, também estaria preocupado com os riscos envolvidos. Posso compartilhar como planejo mitigá-los?" Essa simples validação transformou o ambiente, permitindo uma discussão mais colaborativa.

2. **O Diplomata Astuto**: Durante uma negociação internacional tensa, um embaixador enfrentou um líder autoritário e inflexível. Em vez de confrontá-lo, ele começou a espelhar seu tom de voz e linguagem corporal. Aos poucos, o líder se sentiu compreendido e começou a compartilhar suas reais preocupações, abrindo caminho para um acordo.

3. **No Dia a Dia dos Negócios**: Um vendedor, ao tentar convencer um cliente cético, usou o espelhamento verbal: "Então, o que você está dizendo é que precisa de algo que garanta segurança a longo prazo, correto?" Ao reformular as palavras do cliente, ele não apenas mostrou que estava ouvindo, mas também reforçou os pontos que ele poderia atender.

**Espelhamento: A técnica do reflexo**

O espelhamento é uma forma prática de aplicar a empatia. Ele ocorre em três níveis principais:

1. **Verbal**: Repetir ou reformular as palavras usadas pelo outro.
   Exemplo: Se o interlocutor diz "Estou preocupado com os custos", você pode responder "Entendo que os custos

sejam uma preocupação. Vamos explorar formas de otimizar isso."

2. **Emocional**: Refletir os sentimentos percebidos.
   Exemplo: "Parece que essa decisão é realmente importante para você. Quero garantir que estamos alinhados com suas expectativas."

3. **Físico**: Adotar posturas ou gestos semelhantes aos do interlocutor.
   Exemplo: Se a outra pessoa inclina-se para frente, você faz o mesmo. Se cruza as mãos na mesa, você acompanha, mas de forma sutil.

Embora poderosa, a empatia deve ser usada com equilíbrio. Demonstrar muita compreensão sem firmeza pode ser interpretado como fraqueza. O segredo está em validar os sentimentos do outro lado sem abrir mão de sua posição.

Sinais de alerta:

- Se o interlocutor começar a explorar emocionalmente sua empatia, tentando manipulá-lo, é hora de recalibrar sua abordagem.
- Se a empatia se transforma em submissão, você perde autoridade na negociação.

Exemplo de recalibração: "Eu entendo sua frustração com esse ponto, mas também preciso garantir que essa solução funcione para ambos. Vamos encontrar um equilíbrio?"

Demonstrar empatia não é apenas sobre criar conexão, mas também sobre moldar percepções. Quando o outro lado sente que você o compreende, ele está mais inclinado a confiar em você e, por consequência, a aceitar suas propostas.

Pense nisso como uma dança: você segue os passos do outro por um tempo, mas conduz a música para o ritmo que deseja.

No fim, a empatia não é apenas uma habilidade social; é uma ferramenta estratégica que transforma barreiras em pontes. Quando usada corretamente, ela revela o que está oculto e cria um terreno fértil para a colaboração.

Então, da próxima vez que estiver em uma negociação, pergunte-se: **O que o outro está realmente sentindo, e como posso refletir isso para avançar?** Essa pergunta simples pode ser o diferencial entre uma conversa comum e uma negociação magistral.

**Rapport: a ponte da conexão humana**

O **rapport** é uma técnica de construção de conexão que transcende palavras e gestos. Originada da palavra francesa que significa "trazer de volta" ou "criar uma relação," essa habilidade é amplamente utilizada em negociações, vendas, liderança e até na terapia. Criar rapport é como estabelecer uma ponte invisível entre duas pessoas, alinhando pensamentos, emoções e comportamentos. É um convite ao outro para entrar em uma dança sincronizada de confiança e entendimento.

Rapport é a capacidade de criar um ambiente de harmonia e confiança mútua, onde as pessoas se sentem compreendidas e valorizadas. Ele acontece quando há uma sensação natural de "estar na mesma página". Essa conexão é construída não apenas por meio das palavras ditas, mas por gestos, tom de voz, ritmo e até posturas. No contexto da negociação, o rapport permite que as partes se sintam confortáveis para compartilhar ideias, negociar termos e resolver conflitos de maneira mais eficaz.

No entanto, o rapport não surge por acaso. Ele é cuidadosamente cultivado por meio de técnicas específicas que envolvem empatia, escuta ativa, espelhamento e uso estratégico da repetição. Para compreender seu poder, é importante explorar o que nos faz biologicamente buscar pertencimento.

Como seres sociais, os humanos são biologicamente programados para buscar conexão e pertencimento. Em nossos primórdios, viver em grupo era uma questão de sobrevivência. Ser aceito por uma tribo significava proteção contra predadores e acesso a recursos compartilhados. Essa necessidade de pertencimento é tão arraigada que o cérebro humano possui sistemas especializados para detectar sinais de aceitação ou rejeição.

O **sistema límbico**, uma das partes mais antigas do cérebro, desempenha um papel crucial nesse processo. Ele é responsável pelas nossas emoções e pela leitura de sinais sociais, como expressões faciais, tom de voz e linguagem corporal. Quando nos sentimos aceitos ou compreendidos, o cérebro libera oxitocina, o chamado "hormônio do vínculo," que reforça sentimentos de confiança e conexão.

Ao construir rapport, você ativa esses mecanismos biológicos no outro, criando um ambiente onde a colaboração se torna mais natural. A repetição, quando usada estrategicamente, reforça esses laços ao sinalizar familiaridade e previsibilidade.

**A Técnica da Repetição**

A repetição é uma ferramenta poderosa no rapport, mas precisa ser usada com delicadeza para evitar parecer artificial ou manipuladora. Quando você repete palavras, frases ou gestos do seu interlocutor, ativa o sistema de recompensa do cérebro dele, criando uma sensação de conforto e reconhecimento.

1. **Efeito de Familiaridade (Mere Exposure Effect):** Estudos mostram que quanto mais frequentemente somos expostos a algo, mais tendemos a gostar daquilo. Isso se aplica a palavras, ideias e até comportamentos. Repetir o que o outro diz ou faz, de forma sutil, gera uma sensação de familiaridade que reduz barreiras.

2. **Reforço da Atenção:** Ao repetir palavras ou ideias importantes, você sinaliza ao outro que está prestando atenção. Isso ativa os **neurônios-espelho**, que promovem empatia e conexão, tornando o interlocutor mais propenso a confiar em você.

3. **Validando Emoções:** A repetição também pode ser usada para validar sentimentos. Por exemplo, quando alguém diz: "Estou preocupado com o prazo," repetir de forma parafraseada — "Entendo que o prazo é uma preocupação importante para você" — reforça a conexão emocional.

## Como construir RAPPORT na prática

1. **Escuta Ativa:**

    O primeiro passo para construir rapport é ouvir genuinamente. Quando você presta atenção ao que o outro diz sem interromper, transmite respeito e interesse. A escuta ativa vai além de apenas ouvir as palavras; envolve captar o tom de voz, as emoções subjacentes e até o que não é dito.

2. **Espelhamento:**

    Uma técnica fundamental no rapport é o **espelhamento**, que envolve reproduzir de maneira sutil o comportamento, a linguagem corporal ou o tom de voz do interlocutor. Se ele fala de forma pausada, você também desacelera sua fala. Se ele usa gestos amplos, você pode integrar gestos semelhantes. Isso cria um senso inconsciente de conexão.

3. **Repetição Estratégica:**

    Repetir palavras ou ideias-chave do interlocutor reforça a sintonia. Contudo, é importante não exagerar. O objetivo não é imitar, mas refletir. Exemplo:

    - Interlocutor: "Acho que precisamos de mais tempo para analisar essa proposta."
    - Você: "Entendo que é importante ter mais tempo para analisar isso com calma. Podemos ajustar o cronograma para acomodar isso."

4. **Uso de Palavras-Chave:**

Identifique palavras ou frases que o interlocutor usa com frequência e integre-as em sua própria comunicação. Isso cria uma sensação de alinhamento.
Exemplo: Se o interlocutor sempre usa a palavra "eficiência," inclua-a em suas respostas: "Concordo, é essencial encontrar uma solução eficiente."

5. **Validação Emocional:**

   Reconhecer e validar as emoções do outro é crucial. Quando alguém se sente ouvido, é mais provável que confie em você.
   Exemplo: "Eu percebo que essa decisão tem um grande impacto para você e sua equipe. Vamos garantir que tudo seja abordado de forma cuidadosa."

**Rapport na Negociação: Exemplos Reais**

1. **O Executivo de Vendas:**

   Durante uma apresentação para um cliente potencial, um vendedor percebeu que o cliente estava hesitante. Em vez de pressioná-lo, ele refletiu o sentimento do cliente: "Vejo que há algumas preocupações sobre os custos. Vamos explorar isso juntos para encontrar uma solução que funcione." Essa abordagem construiu confiança e abriu espaço para colaboração.

2. **A Diplomata:**

   Em uma negociação entre dois países, uma diplomata usou o espelhamento para quebrar a resistência do líder do outro lado. Ao adotar um tom de voz semelhante e usar frases que ele costumava repetir, ela conseguiu criar um clima de entendimento, levando a um acordo bem-sucedido.

3. **O Mediador de Conflitos:**

   Em uma disputa corporativa, o mediador validou as emoções de ambas as partes antes de propor soluções. Ele repetiu os pontos-chave que cada lado expressou, mostrando que compreendia suas preocupações. Isso não apenas reduziu a tensão, mas também encorajou ambas as partes a se comprometerem.

Rapport não é apenas uma ferramenta para um momento específico; ele constrói relacionamentos duradouros. Quando as pessoas sentem que podem confiar em você, tornam-se mais propensas a buscar sua colaboração no futuro. Além disso, o rapport cria um ciclo positivo: quanto mais conexões você estabelece, mais fácil se torna construir novas.

No entanto, é importante lembrar que o rapport deve ser genuíno. Qualquer tentativa de manipulação ou artificialidade será percebida e pode minar a confiança.

O rapport é a base de todas as interações humanas bem-sucedidas. Ele transforma negociações difíceis em colaborações fluidas, conflitos em oportunidades e desconhecidos em aliados. Usar o rapport com habilidade exige prática, mas os resultados são inegáveis.

Na próxima vez que estiver em uma negociação ou mesmo em uma conversa casual, pergunte a si mesmo: **"Como posso me conectar mais profundamente com esta pessoa?"** Seja por meio da escuta ativa, do espelhamento ou da repetição estratégica, o rapport pode ser a chave para abrir portas que antes pareciam fechadas.

# Capítulo 6
# O poder das palavras

As palavras são o alicerce da comunicação humana, mas no contexto das negociações, elas se tornam muito mais que meras ferramentas de expressão. Elas são armas, pontes, armadilhas e portais para o entendimento mútuo. Uma palavra pode unir ou dividir, inspirar ou desmoralizar, persuadir ou afastar. Dominar o uso das palavras é um dos maiores trunfos de um negociador magistral.

**O Impacto das Palavras na Persuasão**

Imagine uma frase dita com intenções similares, mas em contextos diferentes:

- "Precisamos resolver isso rápido."
- "Podemos resolver isso de forma ágil para beneficiar ambas as partes."

Enquanto a primeira frase é direta e objetiva, a segunda cria uma sensação de colaboração e benefício mútuo. Ambas têm o mesmo propósito, mas a escolha das palavras transforma completamente a percepção do interlocutor.

O poder das palavras está em sua capacidade de moldar realidades. Estudos em psicologia social mostram que nossa escolha de palavras pode influenciar diretamente como as pessoas ao nosso redor percebem, reagem e até se sentem em relação a uma situação.

**A Linguagem da Emoção e da Razão**

Ao construir sua comunicação, você tem dois caminhos principais: o da emoção e o da razão. O ideal é equilibrar ambos. Palavras que apelam à emoção criam conexões imediatas, enquanto as que se apoiam na razão fornecem a lógica necessária para respaldar argumentos.

**Apelo à Emoção:**

"Eu entendo o quanto este projeto significa para você e sua equipe. Vamos garantir que ele seja tratado com o cuidado que merece." Essas palavras transmitem empatia e valor, reforçando a confiança.

**Apelo à Razão:**

"Com base nos dados disponíveis, este caminho oferece a melhor relação custo-benefício para ambas as partes."

Aqui, você sustenta seu argumento com lógica, fortalecendo a credibilidade.

A combinação desses dois estilos permite que você se comunique com autoridade e sensibilidade, adaptando-se às necessidades emocionais e racionais do interlocutor.

**Palavras positivas versus palavras negativas**

As palavras têm o poder de influenciar nosso estado emocional e o de quem nos ouve. Palavras positivas podem inspirar confiança, enquanto palavras negativas criam resistência.

**Palavras Positivas:**

- "Oportunidade" em vez de "problema."
- "Melhorar" em vez de "consertar."
- "Benefício" em vez de "custo."

**Palavras Negativas:**

- "Impossível" cria barreiras mentais.
- "Complicado" desencoraja a ação.

- "Fracasso" evoca medo.

Ao escolher palavras que reforcem uma mentalidade positiva, você molda o ambiente da negociação para que seja mais receptivo e colaborativo.

Palavras soltas, sem um contexto adequado ou um tom ajustado, perdem seu poder. O tom, em particular, pode transformar completamente o impacto de uma frase.

- "Precisamos discutir isso" em um tom áspero soa como uma reprimenda.
- "Precisamos discutir isso" em um tom amigável é um convite à colaboração.

O contexto, por sua vez, dá sentido às palavras. Usar frases otimistas em um momento de crise pode soar insensível, enquanto a escolha de palavras firmes em um ambiente de descontração pode ser interpretada como arrogância. Ajustar o tom e o contexto é tão importante quanto as palavras que você escolhe.

## A Técnica do Framing: Moldando Percepções

O conceito de framing refere-se à maneira como uma mensagem é apresentada, influenciando a forma como ela será recebida. Em uma negociação, isso pode ser a diferença entre sucesso e fracasso.

- **Enquadramento Negativo:** "Se não fecharmos este contrato, teremos prejuízos financeiros significativos."
- **Enquadramento Positivo:** "Fechar este contrato nos permitirá alcançar novos patamares financeiros."

Ambas as frases falam do mesmo objetivo, mas a forma como são apresentadas altera a perspectiva do interlocutor. O enquadramento positivo gera motivação, enquanto o negativo provoca medo ou resistência.

## Palavras-Chave no subconsciente

Certas palavras têm um impacto poderoso no subconsciente humano. Elas ativam gatilhos emocionais e podem ser usadas estrategicamente para direcionar a negociação. Algumas delas incluem:

- **"Imagine"**: Convida o outro a visualizar um cenário desejado.
- **"Agora"**: Cria urgência.
- **"Você"**: Torna a conversa pessoal e focada no interlocutor.
- **"Novo"**: Evoca curiosidade e interesse.
- **"Resultado"**: Foca nos benefícios tangíveis.

Usar essas palavras de forma consciente pode levar o interlocutor a reagir positivamente sem que ele perceba que está sendo influenciado.

## O papel das histórias na comunicação

Como explorado anteriormente, o storytelling é uma forma poderosa de comunicar ideias e persuadir. As palavras ganham mais força quando estruturadas em narrativas que evocam emoção e criam conexão.

Exemplo:
Em vez de dizer "Este produto é eficiente e confiável," diga:

"Imagine poder confiar em uma solução que resolve seus problemas enquanto você foca no que realmente importa."

A narrativa cria uma experiência emocional que fortalece o impacto das palavras.

Por mais contraditório que pareça, o silêncio também faz parte do poder das palavras. A pausa entre frases, o espaço deixado para reflexão, pode amplificar o impacto do que foi dito.

Exemplo:

- Ao fazer uma proposta, permita que o silêncio dê espaço para que o outro assimile suas palavras. O silêncio cria tensão e dá peso à mensagem.

A neurociência mostra que certas palavras podem literalmente reconfigurar nosso cérebro. Termos associados a emoções positivas ativam áreas de recompensa, enquanto palavras negativas acionam áreas relacionadas ao medo e à dor.

Estudos em psicologia mostram que o uso de palavras como "segurança," "sucesso" e "confiança" pode gerar uma reação química no cérebro, predispondo o interlocutor a aceitar suas ideias. Isso é particularmente útil em negociações, onde o objetivo é moldar percepções e inspirar ação.

**Como escolher palavras com propósito**

Ao entrar em uma negociação, faça estas perguntas a si mesmo:

1. **Qual é o objetivo da minha comunicação?**

    Escolha palavras que avancem sua meta principal.

2. **Como quero que o outro se sinta?**

    Use palavras que evitem confrontos e promovam colaboração.

3. **Estou alinhado ao contexto e ao tom apropriados?**

    Ajuste sua escolha de palavras ao momento e à audiência.

4. **Minha mensagem é clara e memorável?**

    Simplifique seu vocabulário sem perder a profundidade, garantindo que suas palavras tenham impacto.

As palavras carregam significado e emoção. Elas podem ser armas ou pontes, dependendo de como são usadas. Em negociações, a escolha do vocabulário deve ser intencional, visando construir uma percepção positiva e abrir caminhos para o diálogo.

**Evite palavras que criam resistência:**

Certas palavras podem soar abruptas ou criar barreiras. Por exemplo, usar termos como "problema" ou "difícil" evoca sentimentos negativos. Substituí-los por palavras mais neutras ou positivas, como "desafio" ou "oportunidade", pode mudar o tom da conversa.

**Prefira palavras colaborativas:**

Utilizar termos como "nós", "juntos" e "benefício mútuo" demonstra um esforço para criar soluções em parceria, afastando a ideia de conflito e estabelecendo um clima de cooperação.

**Escolha palavras que empoderem:**

Frases como "podemos alcançar" ou "há um potencial aqui" transmitem otimismo e segurança, inspirando confiança no interlocutor.

**Use palavras de impacto emocional:**

Estudos mostram que palavras como "segurança", "sucesso" e "crescimento" ativam respostas positivas no cérebro, tornando a proposta mais atraente.

Exemplo prático:

- Em vez de dizer: "O prazo será apertado para cumprir as exigências."
- Diga: "Podemos ajustar o cronograma para atender às expectativas de forma eficiente."

Entonação e ritmo

O tom de voz e a cadência das palavras são tão importantes quanto o conteúdo verbal. Como você fala determina se suas palavras serão vistas como confiantes, tranquilizadoras ou intimidantes.

**Adapte o tom à situação:**

- **Tom calmo:** Transmite confiança e controle. Útil em momentos de tensão.
- **Tom entusiasmado:** Evoca energia e positividade, ideal para motivar ou inspirar.
- **Tom firme:** Mostra determinação e seriedade em situações que exigem autoridade.

**Pausas estratégicas:**

Silêncios calculados entre frases podem amplificar o impacto das palavras, criando espaço para reflexão ou aumentando a tensão em momentos cruciais.

Exemplo:

- "Esta proposta... (pausa) ...não é apenas viável, mas estratégica para ambas as partes."

Essa pausa permite que o interlocutor absorva a primeira ideia antes de ser conduzido à conclusão.

**Evite ritmos frenéticos:**

Falar rapidamente pode trair ansiedade ou impaciência. Uma fala pausada demonstra controle e dá tempo para que o outro processe suas ideias.

A verdadeira maestria na negociação está na harmonia entre o conteúdo e a entrega. Palavras bem escolhidas podem perder sua eficácia se o tom não for ajustado, assim como um discurso impecável pode ser mal interpretado se carregado de palavras que criam resistência.

**Atenção à linguagem não verbal:**

O que você fala deve estar alinhado com sua linguagem corporal. Um tom de voz amigável combinado com uma postura fechada pode gerar desconfiança.

O mesmo conjunto de palavras pode ter diferentes impactos dependendo do momento e do público. Saber quando ser direto ou mais diplomático é essencial.

Em uma negociação delicada, onde uma das partes está hesitante:

- **O que dizer:** "Entendo suas preocupações sobre este investimento. Quero explorar como podemos garantir que ele atenda suas expectativas de forma segura e eficiente."
- **Como dizer:** Use um tom tranquilo e acolhedor, mantendo contato visual para reforçar a confiança e a empatia.

Durante uma apresentação de uma proposta:

- **O que dizer:** "Este projeto oferece uma oportunidade única para alavancar seus resultados no próximo trimestre."
- **Como dizer:** Com entonação entusiasmada e pausas estratégicas antes de palavras como "oportunidade" e "resultados", para destacá-las.

O que você fala constrói a estrutura de uma negociação, mas como você fala dá vida a essa estrutura. As palavras escolhidas e a forma como são entregues determinam se o resultado será um acordo harmonioso ou um conflito prolongado. Ao alinhar cuidadosamente o conteúdo ao tom, você não apenas comunica, mas influencia e conduz.

Portanto, antes de entrar em uma negociação, pergunte-se:
- Minhas palavras estão moldando a percepção certa?
- Meu tom está reforçando minha mensagem?

Dominar o "o que" e o "como" é o primeiro passo para liderar qualquer negociação como um verdadeiro maestro.

# Capítulo 7
# A Harmonia do Silêncio

O silêncio, frequentemente subestimado, é uma das ferramentas mais poderosas à disposição de um negociador habilidoso. Em um mundo onde as palavras muitas vezes dominam o discurso, a capacidade de se calar e observar pode ser o diferencial entre a vitória e a derrota em uma negociação. Não é à toa que grandes estrategistas, líderes e oradores ao longo da história sempre reconheceram o impacto transformador de uma pausa bem posicionada.

O silêncio, no contexto da negociação, não é ausência, mas presença. Ele cria espaço para reflexão, gera tensão, desarma o oponente e amplifica o impacto das palavras que o antecedem. Quando bem utilizado, o silêncio é a pausa entre as notas de uma sinfonia, essencial para que a melodia ressoe de forma completa.

Imagine uma situação de negociação em que uma parte apresenta uma proposta ousada e se cala. A ausência de palavras força o outro lado a preencher o vazio, muitas vezes revelando mais do que planejava. É o desconforto natural do silêncio que leva as pessoas a falar, e, nesse momento, surgem oportunidades para explorar suas motivações, inseguranças ou prioridades ocultas.

O silêncio, frequentemente negligenciado, é uma das ferramentas mais poderosas em uma negociação. Mais do que a ausência de palavras, ele é um estado dinâmico que provoca respostas neurológicas e emocionais profundas. Do ponto de vista neurocientífico, o silêncio ativa áreas específicas do cérebro que são essenciais para a autorreflexão e o processamento emocional, tornando-se uma estratégia eficaz para quem sabe utilizá-lo com propósito.

O sistema límbico, conhecido como o "cérebro emocional", desempenha um papel central na forma como reagimos ao silêncio. Durante uma pausa, essa parte do cérebro entra em ação, processando não apenas o que foi dito, mas também os sinais não verbais e as implicações emocionais. O silêncio força o sistema límbico a avaliar a situação, ampliando a percepção emocional e a atenção. Esse momento de processamento pode levar o interlocutor a reavaliar suas palavras ou a revelar informações que talvez não fossem ditas em um fluxo contínuo de diálogo.

Por exemplo, imagine uma negociação em que uma proposta é apresentada e o negociador simplesmente fica em silêncio, olhando atentamente para o interlocutor. O sistema límbico da outra pessoa começa a interpretar o silêncio como um sinal de análise ou, em alguns casos, até mesmo de desaprovação, gerando um impulso natural de preencher o vazio com mais informações.

Além do sistema límbico, o córtex pré-frontal, responsável pelo pensamento crítico e pela tomada de decisões, também é ativado pelo silêncio. Quando uma pausa ocorre em uma conversa, essa parte do cérebro é estimulada a refletir sobre os próximos passos, ponderando possibilidades e analisando riscos. Esse espaço mental cria uma oportunidade tanto para quem negocia quanto para quem escuta.

Para o negociador que domina a arte do silêncio, essa ativação cerebral é uma vantagem estratégica. Enquanto o interlocutor reflete, há tempo para observar suas reações, ler sua linguagem corporal e ajustar o próximo movimento com base no que foi percebido.

Estudos em psicologia social demonstram que o silêncio é frequentemente associado à autoridade e à confiança. Pessoas que sabem quando se calar são vistas como ponderadas e seguras de si. Quando um negociador opta por uma pausa em vez de uma resposta imediata, ele comunica, de forma sutil, que está no controle da situação.

Esse efeito é amplificado pela forma como o cérebro humano processa a ausência de palavras. O silêncio é interpretado como uma lacuna que precisa ser preenchida, e quem está do outro lado da negociação frequentemente sente a pressão de preencher esse vazio com explicações ou concessões. Isso pode levar o interlocutor a compartilhar informações estratégicas ou a ceder em pontos importantes, acreditando que a ausência de resposta indica uma expectativa de mudança.

O cérebro humano tem uma relação complexa com o silêncio, muitas vezes associando-o ao desconhecido. Esse desconforto gera uma resposta instintiva de tentar interpretar o que o silêncio significa. É aqui que a estratégia do negociador entra em cena: ao criar pausas intencionais, ele joga com o desejo do cérebro de encontrar significado, colocando o interlocutor em um estado de maior vulnerabilidade emocional e cognitiva.

Por exemplo, após uma oferta inicial em uma negociação, o silêncio do receptor pode desencadear dúvidas no emissor: "Será que ofereci pouco? Ele está insatisfeito? Posso melhorar minha proposta?" Essas perguntas, ativadas pelo desconforto do silêncio, podem levar a concessões que beneficiam o negociador silencioso.

Embora o silêncio seja uma ferramenta poderosa, ele deve ser usado com cuidado. Se mal aplicado, pode ser interpretado como desinteresse, desrespeito ou insegurança. O contexto é fundamental: em uma negociação onde há tensão pré-existente, o silêncio excessivo pode aumentar a resistência em vez de reduzir barreiras.

Além disso, culturas diferentes reagem de formas variadas ao silêncio. Em contextos culturais onde a comunicação é altamente verbal, pausas prolongadas podem ser percebidas negativamente. Por isso, o uso do silêncio deve ser sempre ajustado ao ambiente e ao perfil do interlocutor.

**Como Usar o Silêncio de Forma Estratégica**

Para aproveitar o poder do silêncio em uma negociação, considere as seguintes estratégias:

1. **Após uma Pergunta Difícil:** Use o silêncio para demonstrar que está refletindo, mesmo que já tenha a resposta. Isso transmite cuidado e seriedade.
2. **Ao Receber uma Proposta:** Evite responder imediatamente. O silêncio cria uma pausa para análise e pode levar o interlocutor a revisar sua oferta sem que você peça.
3. **Durante Momentos de Conflito:** Uma pausa intencional reduz a escalada emocional e permite que todos processem a situação com mais clareza.
4. **Para Aumentar a Tensão:** Um silêncio calculado pode pressionar o outro lado a preencher o vazio com mais informações ou concessões.

## O Ritmo do Silêncio

Assim como na música, o silêncio em uma negociação tem um ritmo. Pausas longas demais podem ser interpretadas como desinteresse, enquanto pausas curtas demais não geram o impacto necessário. O segredo está em encontrar o equilíbrio.

- **Silêncio após uma proposta:** Cria um espaço para que o outro lado processe a informação e sinta o peso da oferta.
- **Silêncio durante uma objeção:** Permite que a outra parte elabore melhor sua resistência, muitas vezes revelando pontos que podem ser explorados estrategicamente.
- **Silêncio antes de uma resposta:** Transmite que você está considerando a posição do outro, demonstrando respeito e inteligência emocional.

## Quando Usar o Silêncio

1. **Para Desarmar Defesas:**
   - O silêncio é uma ferramenta poderosa para neutralizar emoções negativas. Em vez de reagir imediatamente a um ataque verbal ou uma crítica, um negociador experiente opta por se calar. Esse espaço faz com que o outro lado reflita sobre suas próprias palavras, frequentemente diminuindo o tom ou até mesmo se desculpando.

2. **Para Criar Tensão:**
   - O desconforto do silêncio pode ser usado para pressionar o interlocutor a ceder. Ao apresentar uma proposta ou pergunta, simplesmente espere. A ansiedade gerada pelo vazio pode levar o outro a se comprometer ou revelar informações que antes não seriam compartilhadas.

3. **Para Observar e Analisar:**
   - O silêncio oferece uma oportunidade valiosa para observar a linguagem corporal e as microexpressões do outro lado. Muitas vezes, essas pistas não verbais revelam mais do que as palavras.

**Cases reais**

1. **O Negociador de Ações:**
   - Em uma negociação de fusão empresarial, um CEO apresentou uma oferta agressiva e ficou em silêncio. O outro lado, sentindo a pressão de preencher o vazio, começou a justificar por que não poderia aceitar, revelando pontos fracos que o CEO usou a seu favor.

2. **A Diplomata Silenciosa:**

- Durante uma negociação internacional, uma diplomata enfrentava líderes relutantes. Em vez de insistir com argumentos, ela apresentou sua posição e esperou. O silêncio fez com que os líderes, desconfortáveis, começassem a ceder terreno para evitar a tensão prolongada.

3. **O Advogado Estratégico:**
    - Em um tribunal, um advogado experiente fazia perguntas incisivas e se calava. O silêncio obrigava as testemunhas a continuar falando, muitas vezes revelando informações que fortaleciam seu caso.

## O Silêncio e a técnica da pausa

A pausa, elemento essencial do silêncio, pode ser usada para manipular percepções e direcionar a conversa. Uma pausa estratégica pode amplificar a importância de uma ideia ou criar suspense. É uma técnica comum em discursos de impacto, como os de Martin Luther King Jr. ou Winston Churchill.

- **Exemplo de Pausa Estratégica:**
    - "Esta proposta... (pausa) ...não é apenas vantajosa, mas essencial para o nosso sucesso conjunto."
    - A pausa antes da palavra "essencial" destaca sua importância, garantindo que o ouvinte preste atenção.

Embora poderoso, o silêncio também pode ser mal interpretado se usado em excesso. Pausas longas demais podem parecer desinteresse ou despreparo. Além disso, em situações onde o outro lado é menos experiente, o silêncio pode gerar ansiedade excessiva, prejudicando a construção de confiança.

Dicas para usar o silêncio com equilíbrio:

- Esteja atento ao ambiente e ajuste a duração da pausa ao contexto.
- Use o silêncio de forma intercalada com palavras de reforço, como "Entendo" ou "Isso faz sentido."
- Certifique-se de que sua linguagem corporal apoie o silêncio, demonstrando presença e atenção.

O silêncio é mais do que uma ausência de palavras; é uma declaração de controle e estratégia. Ele permite que o negociador leia o ambiente, entenda o outro lado e conduza a interação sem a necessidade de confrontação direta. Quando usado de forma consciente, o silêncio pode transformar até as negociações mais desafiadoras em sinfonias harmoniosas de persuasão e influência.

Portanto, caro leitor, antes de falar, pergunte a si mesmo: "O silêncio não teria mais impacto aqui?" Muitas vezes, a resposta está na pausa que você ainda não fez.

# Capítulo 8
# Ritmo da Oratória

Oratória é mais que a arte de falar; é a ciência de guiar percepções, moldar emoções e, acima de tudo, conduzir decisões. É uma dança entre palavras, pausas e tons que transforma a comunicação em uma experiência visceral. Assim como um maestro que coordena instrumentos para criar harmonia, o negociador habilidoso utiliza o ritmo da oratória para conduzir o interlocutor ao objetivo desejado.

Imagine uma peça musical: a melodia constante pode ser confortável, mas também previsível e desinteressante. Por outro lado, mudanças súbitas no ritmo prendem a atenção, despertam emoções e criam momentos de impacto. O mesmo ocorre na negociação. Se você fala em um tom constante, o ouvinte se ajusta rapidamente e deixa de prestar atenção. Quando introduz variações estratégicas no ritmo, você cria suspense, tensão e alívio, mantendo a atenção e o interesse.

Um dos maiores exemplos de controle rítmico na comunicação é o discurso de Martin Luther King Jr., "I Have a Dream". Ele alternava frases curtas e impactantes com pausas reflexivas, criando uma cadência que permitia que cada ideia ecoasse profundamente na audiência antes de prosseguir.

O silêncio é tão poderoso quanto as palavras. Uma pausa no momento certo pode comunicar confiança, criar expectativa ou até mesmo desarmar resistências. Enquanto a fala ocupa a mente consciente, o silêncio penetra no subconsciente, permitindo que as emoções tomem forma.

**Na Prática:**

- **Ao apresentar uma proposta importante:** Faça uma pausa logo após expor sua ideia principal. Esse momento de reflexão força o outro lado a internalizar sua mensagem antes de reagir.

- **Durante objeções:** Uma pausa demonstra que você está ouvindo atentamente, além de criar um espaço que pode ser desconfortável para o outro lado, levando-o a fornecer mais informações ou ajustar sua postura.

O cérebro humano responde ao ritmo de maneiras que vão além da percepção consciente. A repetição de padrões, combinada com variações sutis, ativa regiões cerebrais associadas à memória e emoção. Isso significa que uma oratória bem ritmada não apenas engaja, mas também cria impressões duradouras.

Considere um CEO apresentando um plano de reestruturação. Ele começa com uma introdução calma e controlada, criando um ambiente de confiança. Quando aborda os desafios, acelera ligeiramente o ritmo para transmitir urgência. Ao falar das soluções, desacelera novamente, destacando a solidez das propostas. Esse controle rítmico transforma a apresentação em uma jornada emocional que prepara a audiência para aceitar as mudanças.

A cadência é o pulso da oratória, o ritmo que guia o ouvinte pela narrativa e transforma ideias em convicções. Muito além das palavras, ela molda a maneira como o cérebro processa, armazena e reage às informações. Para o negociador, a cadência é uma ferramenta poderosa para cativar, persuadir e, sobretudo, conduzir o interlocutor a um resultado favorável. Vamos explorar como o cérebro humano responde ao ritmo e como o maestro da negociação pode usar esse conhecimento para alcançar seus objetivos.

O cérebro humano é programado para responder ao ritmo. Desde os batimentos cardíacos até o som de passos regulares, o ritmo cria previsibilidade e conforto. Essa predisposição é um reflexo do funcionamento do córtex auditivo e da conexão com o sistema límbico, responsável pelas emoções. Quando exposto a uma cadência ritmada, o cérebro entra em um estado de receptividade, mais propenso a absorver e processar informações.

Estudos mostram que padrões rítmicos ativam o córtex pré-frontal, uma região associada à tomada de decisões e ao planejamento. Quando um discurso segue um ritmo lógico e cadenciado, o cérebro é capaz de antecipar o próximo passo, criando uma sensação de segurança e controle. Isso significa que o ouvinte se sente mais confortável e, portanto, mais propenso a aceitar a mensagem.

Além da previsibilidade, o ritmo afeta diretamente o sistema de recompensa do cérebro. Um discurso com variações de tom, pausas estratégicas e ênfase bem posicionada ativa a liberação de dopamina, o neurotransmissor associado ao prazer e à motivação. Em uma negociação, o negociador que domina a cadência pode transformar o ato de ouvir em uma experiência prazerosa, associando positivamente sua mensagem à química cerebral do interlocutor.

Um vendedor apresentando um produto pode começar com um ritmo lento e calmo ao descrever o problema que o produto resolve. Ao introduzir os benefícios, acelera ligeiramente, criando um senso de entusiasmo e urgência. Essa variação ativa os circuitos de recompensa do cérebro, tornando o produto mais atraente.

O cérebro humano não se lembra de tudo; ele seleciona o que guardar. Estudos em neurociência revelam que padrões rítmicos e repetições ajudam a consolidar informações na memória de longo prazo. Isso ocorre porque o hipocampo, a região do cérebro responsável pela formação de memórias, responde de forma mais eficiente a estímulos organizados e repetitivos.

Ao apresentar uma ideia ou proposta, o negociador pode repetir uma frase-chave com pequenas variações rítmicas. Por exemplo, um advogado negociando um contrato pode repetir: "Queremos um acordo justo, eficiente e sustentável." A repetição ritmada não apenas reforça a mensagem, mas também a torna inesquecível.

A cadência também é crucial para influenciar emoções e moldar percepções. Em situações de alta tensão, um ritmo calmo e constante pode transmitir segurança e confiança. Em contrapartida, em momentos de entusiasmo, um ritmo acelerado pode contagiar a audiência, gerando excitação e otimismo.

Barack Obama em seus discursos usava pausas longas para criar tensão e expectativa antes de fazer afirmações impactantes. Ele começava com um ritmo lento, introduzindo ideias complexas, e acelerava ao falar de esperança e mudanças. Essa cadência cuidadosamente modulada não apenas emocionava, mas também persuadia, conectando-o profundamente com sua audiência.

**Como o Maestro Deve Agir para a Absorção e Persuasão**

1. Criar um Fluxo Natural:

    A cadência deve ser fluida e alinhada ao conteúdo. Um ritmo natural facilita a absorção e evita que o ouvinte se perca ou desconecte.

Um negociador apresentando dados técnicos pode desacelerar ao explicar conceitos complexos e acelerar ao destacar conclusões práticas. Isso ajuda o ouvinte a processar informações sem sentir sobrecarga.

2. Usar Pausas Estratégicas:

    Pausas bem colocadas aumentam o impacto da mensagem e permitem que o cérebro do ouvinte absorva as informações. Elas também criam momentos de reflexão, fundamentais para a persuasão.

Dica Prática:

Ao fazer uma pergunta retórica, pause antes de responder. Isso cria suspense e direciona o foco para sua resposta.

3. Modular o Tom e a Intensidade:

Alterne entre tons suaves e firmes para manter a atenção e transmitir diferentes emoções. Um tom suave acalma, enquanto um tom firme inspira confiança e autoridade.

Aplicação:
Durante uma objeção, comece com um tom calmo para desarmar o interlocutor e termine com um tom mais firme ao apresentar sua solução.

O impacto da cadência é amplificado quando está alinhada com a linguagem corporal. Gestos suaves e movimentos ritmados reforçam o fluxo natural da fala, enquanto uma postura firme transmite autoridade.

Exemplo Prático:
Em uma apresentação, um negociador pode sincronizar uma pausa na fala com um gesto, como abrir as mãos para reforçar a ideia de transparência. Essa combinação cria um efeito visual e auditivo que potencializa a mensagem.

Embora a cadência seja uma ferramenta poderosa, quebrar o ritmo em momentos específicos pode ser igualmente eficaz. Essa ruptura cria surpresa, despertando a atenção e destacando pontos cruciais.

Se a negociação está seguindo um fluxo previsível, introduza uma mudança abrupta no ritmo ao apresentar uma proposta inovadora. Isso força o interlocutor a sair do modo automático e prestar mais atenção.

A cadência é mais que um ritmo; é uma estratégia emocional e cognitiva. O negociador que a domina não apenas comunica, mas conduz, persuadindo com precisão e elegância. Ao entender como o cérebro absorve informações e reage ao ritmo, o maestro da negociação pode criar uma experiência que transcende o conteúdo e toca diretamente as emoções e a lógica do interlocutor.

Ao integrar a cadência à oratória, o negociador se transforma em um líder, guiando a conversa como uma sinfonia. Cada palavra, pausa e inflexão torna-se uma nota cuidadosamente escolhida para criar impacto, inspirar confiança e alcançar o objetivo desejado.

Assim como a música, a oratória é uma arte que vai além das palavras. O negociador que domina o ritmo não apenas comunica, mas guia, inspira e transforma. Ao controlar o fluxo da fala com a precisão de um maestro, você pode transformar qualquer interação em uma sinfonia de persuasão.

No próximo capítulo, exploraremos como "o corpo fala," mostrando que a oratória é complementada pela linguagem corporal e pelos sinais não verbais que reforçam – ou sabotam – sua mensagem.

# Capítulo 9
# O Corpo Fala

A linguagem do corpo é a sinfonia invisível da negociação. Cada gesto, expressão facial e postura transmite mensagens que palavras sozinhas não podem alcançar. Como um maestro que conduz músicos, o negociador que domina essa arte é capaz de identificar nuances sutis, influenciar emoções e até mesmo prever ações.

No palco da negociação, as palavras podem ser cuidadosamente escolhidas, mas o corpo raramente mente. Ele expõe intenções ocultas, fortalece mensagens ou sabota discursos bem elaborados. Entender como o corpo fala é não apenas uma vantagem estratégica, mas uma necessidade para quem deseja influenciar com maestria.

A comunicação não verbal é uma linguagem universal, profundamente enraizada na evolução humana. Antes mesmo que palavras fossem criadas, nossos ancestrais confiavam nos gestos, posturas e expressões faciais para interpretar intenções, prever perigos e construir alianças. Essa herança primitiva ainda molda como percebemos o mundo e como interagimos com os outros. Em uma negociação, o corpo age como um maestro invisível, conduzindo o subconsciente para moldar percepções, emoções e decisões.

A interação entre linguagem corporal e cérebro acontece em dois níveis principais: o racional e o emocional. O córtex pré-frontal, responsável pelo pensamento lógico, e o sistema límbico, que regula as emoções, trabalham juntos para processar a comunicação não verbal. Um sorriso genuíno, por exemplo, ativa o sistema límbico, desencadeando sentimentos positivos de confiança. Por outro lado, uma postura fechada pode acionar o mecanismo de defesa do cérebro, gerando desconfiança.

Albert Mehrabian, psicólogo que investigou a comunicação interpessoal, sugeriu que 7% da eficácia da comunicação está nas palavras faladas, 38% no tom de voz e 55% na linguagem corporal. Embora este modelo não seja absoluto, ele reforça a importância da comunicação não verbal como peça-chave na interação humana. Na prática, mesmo o melhor argumento pode falhar se for apresentado com uma postura rígida ou gestos nervosos.

**Como Posturas Moldam a Percepção**

Posturas diferentes comunicam emoções, intenções e até mesmo hierarquias. O cérebro humano está programado para interpretar sinais posturais instantaneamente, frequentemente de maneira subconsciente. Um negociador que entende isso pode não apenas controlar sua própria linguagem corporal, mas também influenciar como é percebido.

1. **Postura de Poder** Uma postura aberta, com ombros para trás e peito levemente projetado, transmite confiança e autoridade. Amy Cuddy, psicóloga de Harvard, demonstrou que adotar posturas de poder por apenas dois minutos aumenta os níveis de testosterona (hormônio associado à confiança) e reduz o cortisol (hormônio do estresse). Isso não apenas afeta como os outros nos percebem, mas também como nos sentimos internamente.

**Na Prática:**

Antes de uma negociação, reserve um momento para praticar a postura de poder. Fique de pé com as mãos na cintura e os pés firmes. Essa simples ação pode alterar sua química corporal, ajudando você a entrar na sala com mais segurança.

2. **Postura de Vulnerabilidade** Em contrapartida, posturas fechadas, como cruzar os braços ou curvar os ombros, sinalizam insegurança ou defensividade. Embora essas

posturas possam surgir como um reflexo natural em situações de estresse, elas podem prejudicar a percepção de autoridade e abertura.

**Estratégia:**
Ao identificar essa postura em si mesmo, ajuste conscientemente: descruze os braços, relaxe os ombros e incline-se levemente para frente. Esses movimentos simples ajudam a projetar receptividade e confiança.

**Expressões Faciais**

As expressões faciais são talvez a forma mais direta de acessar o que alguém está sentindo. Elas são controladas pelo sistema límbico e frequentemente escapam ao controle consciente. Microssinais, como uma leve contração na testa ou um sorriso que não alcança os olhos, podem revelar emoções que contradizem o que está sendo dito.

O psicólogo Paul Ekman identificou que microssinais — expressões faciais rápidas e involuntárias — são um mapa emocional da mente. Em uma negociação, um olhar que desvia rapidamente, seguido por um franzir de sobrancelhas, pode indicar hesitação ou dúvida. Reconhecer essas sutilezas permite ajustar o discurso em tempo real.

Se, ao apresentar uma proposta, você perceber um leve apertar de lábios no interlocutor, isso pode indicar desconforto. Nesse caso, uma pausa para perguntar se há dúvidas pode criar um espaço para dissipar a resistência.

Curiosamente, o corpo não apenas reflete o estado interno; ele também pode moldá-lo. Essa ideia, conhecida como feedback corporal, sugere que ajustar conscientemente sua postura, expressão ou movimento pode alterar como você se sente.

Pesquisas mostram que sorrir, mesmo sem estar feliz, pode ativar os mesmos circuitos cerebrais de felicidade genuína. Em uma negociação tensa, um sorriso intencional pode não apenas relaxar o ambiente, mas também reduzir seu próprio estresse.

Um exemplo fascinante de como a linguagem corporal influencia a percepção está na história de um famoso negociador da máfia italiana, conhecido como "O Analista." Ele tinha o hábito de avaliar cada pessoa que encontrava começando pelos sapatos e pelo relógio. Para ele, esses detalhes diziam mais sobre o caráter e a situação financeira de alguém do que qualquer palavra.

- **Sapatos Malcuidados:** Indicavam desleixo ou falta de atenção aos detalhes, algo que ele considerava uma fraqueza em negociações.
- **Relógios simples, mas elegantes:** Sugeriam um equilíbrio entre confiança e modéstia, características que ele respeitava e considerava como sinais de seriedade.

Esse tipo de leitura corporal não é apenas sobre roupas, mas sobre como o exterior reflete o interior. Alguém que cuida da própria aparência geralmente transmite uma impressão de disciplina e organização, influenciando diretamente como será tratado na negociação.

Prestar atenção à aparência não é superficial; é estratégico. Um negociador que chega com uma postura confiante e vestimenta alinhada demonstra profissionalismo antes mesmo de abrir a boca.

Um ponto crucial na leitura da linguagem corporal é entender que o corpo e as emoções estão profundamente conectados. Uma postura relaxada pode acalmar a mente, assim como gestos tensos podem intensificar o nervosismo. Saber disso permite ao negociador usar o corpo para gerenciar seu próprio estado emocional e o ambiente da negociação.

Ao perceber que está apertando as mãos ou balançando os pés durante uma reunião, respire profundamente e ajuste sua postura. Coloque as mãos sobre a mesa, mantenha os pés firmes no chão e endireite a coluna. Esses ajustes não apenas transmitem calma, mas também ajudam a induzi-la.

A linguagem corporal é a base de como nos conectamos, persuadimos e influenciamos. Entender o que posturas, expressões e gestos comunicam permite ao negociador transformar seu corpo em uma ferramenta estratégica poderosa. Além disso, a interação entre o exterior e o interior — como uma postura de poder mudando o estado emocional — fornece um nível adicional de controle sobre como somos percebidos e como nos sentimos.

Dominar essa arte é muito mais do que técnica; é compreender a profunda sinfonia entre corpo e mente, onde cada movimento conta uma história, molda percepções e decide destinos.

**Exemplos Práticos: Como o Corpo Fala na Negociação**

**1. A Postura do Poder**

A postura corporal comunica força ou vulnerabilidade. Pesquisas de Amy Cuddy, da Universidade de Harvard, demonstraram que posturas expansivas, conhecidas como "posturas de poder", aumentam a percepção de confiança e dominância, tanto para quem as adota quanto para quem as observa.

**Na Prática:** Imagine um líder negociando um grande contrato. Ao sentar-se com a coluna ereta, ombros abertos e mãos sobre a mesa, ele projeta segurança e autoridade. Em contraste, alguém que se curva ou cruza os braços pode ser percebido como defensivo ou inseguro.

**2. O Contato Visual**

O olhar é uma das formas mais poderosas de comunicação não verbal. Um contato visual constante transmite sinceridade e engajamento, enquanto olhos que evitam o interlocutor sugerem hesitação ou desonestidade.

**História Real:** Durante a crise dos mísseis em Cuba, em 1962, os negociadores americanos usaram o contato visual direto como estratégia para demonstrar determinação sem precisar elevar o tom. Esse gesto contribuiu para reduzir as tensões e alcançar um acordo histórico.

### 3. Gestos e Mãos

As mãos são uma extensão do que sentimos e pensamos. Movimentos abertos sugerem transparência, enquanto gestos repetitivos ou nervosos podem sinalizar ansiedade.

**Exemplo de Negociação:** Em uma reunião corporativa, um executivo que gesticula amplamente enquanto explica uma ideia demonstra entusiasmo e convicção. No entanto, tocar repetidamente no rosto ou cruzar as mãos pode ser interpretado como insegurança.

Dominar a linguagem corporal não é apenas sobre projetar confiança, mas também sobre ler e interpretar os sinais do outro lado. Cada movimento pode revelar emoções e intenções ocultas.

Microssinais são expressões faciais ou movimentos corporais rápidos e involuntários. Eles frequentemente contradizem o que está sendo dito.

Paul Ekman identificou que microssinais como sobrancelhas levantadas ou lábios comprimidos podem indicar surpresa, dúvida ou desconforto. Em uma negociação, detectar esses sinais permite ajustar estratégias em tempo real.

Se o interlocutor se inclina para frente, isso pode indicar interesse. Em contraste, inclinar-se para trás sugere ceticismo ou desinteresse.

Durante uma negociação em Wall Street, um investidor notou que o CEO de uma empresa cruzou os braços ao falar sobre projeções de crescimento. Esse gesto contradizia sua fala otimista, levando o investidor a aprofundar as perguntas e descobrir inconsistências no plano.

A comunicação corporal eficaz não é passiva; ela deve ser intencional e estratégica. Assim como um maestro ajusta gestos para guiar músicos, o negociador ajusta seu corpo para influenciar o ritmo e o tom da conversa.

### 1. Espelhamento: Criando Conexão

Espelhar gestos e posturas do interlocutor cria um senso de conexão e empatia. Essa técnica é baseada nos neurônios-espelho, que tornam as pessoas mais receptivas a quem imita seu comportamento.

**Na Prática:**

Se o interlocutor cruza as pernas, faça o mesmo discretamente. Se ele inclina a cabeça ao ouvir, espelhe esse gesto. Essa sincronia subconsciente aumenta a confiança e reduz resistências.

### 2. Ritmo Corporal

A cadência do corpo deve acompanhar o ritmo da fala. Movimentos lentos e controlados transmitem calma, enquanto gestos rápidos podem intensificar o dinamismo.

**Aplicação:**
Durante a apresentação de uma proposta, use movimentos suaves para enfatizar pontos chave. Ao abordar objeções, reduza os gestos para transmitir foco e escuta ativa.

Em momentos de tensão, o corpo pode traí-lo. Reconhecer e controlar esses sinais é essencial para manter a autoridade.

### 1. Gestos Nervosos

Toques no rosto, mexer no cabelo ou balançar pernas são sinais claros de ansiedade. Controlar esses impulsos ajuda a projetar confiança.

**Estratégia:**
Adote uma "âncora corporal," como manter as mãos em uma

posição fixa ou apoiar-se levemente na mesa. Isso cria estabilidade visual e emocional.

## 2. A Voz e o Corpo

O tom de voz está intrinsecamente ligado à postura. Uma postura ereta abre o diafragma, permitindo um tom mais forte e confiante.

**Dica:**
Antes de uma reunião importante, pratique a postura e a respiração. Uma boa postura não apenas melhora a projeção vocal, mas também reduz o estresse.

## Quando o Corpo Mudou o Jogo

### 1. Nelson Mandela: O Poder da Serenidade

Durante as negociações para o fim do apartheid, Mandela usou a linguagem corporal como arma estratégica. Ele permanecia calmo e imóvel, mesmo diante de provocações. Sua postura transmitia uma autoridade inabalável, que desarmava emocionalmente seus opositores.

### 2. O Caso do Acordo Comercial

Em uma negociação entre duas empresas de tecnologia, um CEO intencionalmente cruzou as mãos sobre a mesa e sorriu levemente ao ouvir objeções. Esse gesto sutil indicava paciência e disposição para ouvir, o que desarmou a outra parte e levou a um acordo.

Na negociação, o corpo fala antes que a boca se mova. Ele comunica intenções, emoções e até mesmo segredos que as palavras não revelam. Para o negociador, compreender e controlar essa linguagem é mais do que uma vantagem: é uma necessidade.

Dominar a arte da comunicação corporal transforma o negociador em um maestro, conduzindo não apenas suas ações, mas também as reações do outro lado. O corpo, como instrumento estratégico, é uma ponte entre o que é dito e o que é sentido. Quando bem utilizado, ele não apenas comunica, mas persuade e conquista.

# Capítulo 10
# Manipulação Sutil – A Mão Invisível

A manipulação sutil é uma arte silenciosa, quase imperceptível, que conduz as decisões do outro lado sem que ele perceba estar sendo influenciado. Em uma negociação, a "mão invisível" é a capacidade de moldar percepções, guiar escolhas e influenciar ações, sem recorrer à força ou ao confronto direto. Esta técnica exige uma combinação de estratégia, empatia e domínio sobre os fatores que afetam o subconsciente humano.

O cérebro humano opera em dois níveis principais: consciente e subconsciente. Enquanto o consciente analisa e julga, o subconsciente absorve impressões e emoções de forma automática, muitas vezes sem filtros críticos. É nesse espaço sutil que a manipulação ocorre.

Uma técnica amplamente utilizada na manipulação sutil é a ancoragem. Isso envolve introduzir uma ideia inicial que serve como referência para todas as decisões subsequentes.

Um vendedor de imóveis, ao apresentar uma casa, começa mostrando uma propriedade acima do orçamento do cliente. Essa "âncora" faz com que as próximas opções pareçam mais acessíveis, mesmo que ainda estejam no limite superior do orçamento. O cliente, sem perceber, é levado a considerar propostas que originalmente rejeitaria.

Outra estratégia é oferecer escolhas controladas que conduzam ao objetivo desejado, criando a ilusão de liberdade.

**Na Prática:**

Imagine um negociador que propõe dois prazos de entrega: 15 ou 30 dias. Ambos atendem suas necessidades, mas a escolha é apresentada como se fosse uma concessão. O interlocutor sente que está no controle, enquanto o resultado já está alinhado ao interesse do negociador.

A linguagem do subconsciente é uma das ferramentas mais poderosas na negociação, pois opera abaixo do radar da percepção consciente. É a arte de moldar pensamentos e influenciar decisões de forma tão sutil que o interlocutor não percebe estar sendo conduzido. Essa abordagem, quando dominada, transforma qualquer negociador em um maestro da persuasão. Neste capítulo, exploraremos os segredos por trás dessa linguagem, incluindo comandos embutidos, padrões hipnóticos e o uso estratégico de histórias.

O cérebro humano é dividido em duas grandes esferas operacionais: consciente e subconsciente. Enquanto o consciente é analítico e lógico, o subconsciente absorve informações de forma passiva, sem questionamentos. Essa característica é amplamente explorada em técnicas de persuasão.

Quando alguém está relaxado ou emocionalmente envolvido, o filtro crítico do cérebro consciente se enfraquece, permitindo que mensagens entrem diretamente no subconsciente. Isso é particularmente evidente durante histórias, quando a mente racional se desliga e o ouvinte se envolve emocionalmente na narrativa.

**Na Prática:**

Um negociador experiente pode usar um tom de voz calmo e frases cuidadosamente estruturadas para induzir esse estado. A repetição de palavras tranquilizadoras, como "simples," "fácil" e "confortável," cria um ambiente receptivo, abrindo caminho para sugestões mais profundas.

**Comandos Embutidos: A Arte de Inserir Sugestões Invisíveis**

Os comandos embutidos são frases que carregam uma mensagem subliminar dentro de uma estrutura aparentemente comum. Eles são projetados para influenciar o subconsciente sem ativar o filtro crítico do interlocutor.

O cérebro subconsciente é literal e direto. Quando exposto a uma frase contendo um comando embutido, ele reage à sugestão sem questionar. Por exemplo:

- **Exemplo Direto:** "Quando você perceber que esta proposta é vantajosa, ficará feliz em avançar." Essa frase presume que a decisão será tomada, plantando a ideia de aceitação no subconsciente.

- **Estratégia de Contexto:** "Muitos clientes descobriram que avançar com este modelo foi a melhor decisão." Aqui, a ideia de "descobrir" e "avançar" é implantada como um padrão de comportamento desejável.

Comandos embutidos são eficazes em negociações de alta complexidade, onde objeções conscientes são comuns. Eles funcionam melhor em contextos onde a relação de confiança já foi estabelecida.

Um consultor pode dizer: "Quando revisarmos juntos os benefícios deste contrato, você verá que ele atende exatamente às suas necessidades." Essa frase não apenas transmite segurança, mas também conduz o interlocutor à aceitação da proposta.

**Padrões de linguagem hipnótica**

A linguagem hipnótica é um conjunto de técnicas que utiliza palavras e frases para induzir estados de atenção focada, facilitando a entrada de ideias no subconsciente. Ela é frequentemente baseada nos trabalhos de Milton Erickson, um dos maiores hipnoterapeutas da história.

1. **Pressuposições:**
   São declarações que assumem algo como verdadeiro, forçando o ouvinte a aceitar a premissa.

- **Exemplo:** "Quando você decidir qual modelo escolher, perceberá como ele é vantajoso." Essa frase pressupõe que a decisão será tomada, eliminando a objeção inicial.

2. **Variação de Ritmo e Pausa:**

   Alterar o ritmo da fala e inserir pausas estratégicas enfatiza certos pontos, guiando o ouvinte a focar no que é importante.
   - **Exemplo:** "Este investimento... é exatamente o que você precisa... para alcançar seus objetivos."

3. **Perguntas Embutidas:**

   São perguntas inseridas em frases que induzem reflexão subconsciente.
   - **Exemplo:** "Você já imaginou como sua empresa estará daqui a um ano com esta solução?"

## O poder das histórias na comunicação subconsciente

Histórias são uma das formas mais eficazes de influenciar o subconsciente. Elas envolvem o ouvinte emocionalmente, desligando sua crítica consciente e permitindo que a mensagem principal penetre profundamente. Além disso, histórias criam conexões empáticas, tornando o narrador mais confiável e suas ideias mais aceitáveis.

O cérebro humano é projetado para responder a narrativas. Estudos mostram que, ao ouvir uma história, várias áreas do cérebro se ativam, incluindo aquelas associadas a emoções, memória e tomada de decisão. Isso faz com que o ouvinte não apenas compreenda a mensagem, mas também a sinta.

## Como Construir Histórias Persuasivas

1. **Estabeleça um Contexto Comum:**

Comece com uma situação que ressoe com o ouvinte.

- **Exemplo:** "Eu me lembro de um cliente que estava enfrentando um desafio muito parecido com o seu..."

2. **Introduza um Conflito:**

Conflitos criam tensão e prendem a atenção.

- **Exemplo:** "Ele precisava de uma solução rápida, mas não sabia em quem confiar."

3. **Apresente a Solução:**

Relacione a solução ao seu produto ou ideia.

- **Exemplo:** "Depois que implementamos esta solução, ele não só resolveu o problema, mas também superou suas expectativas."

Imagine que um vendedor de software tenta convencer um CEO a adquirir um sistema de gestão. Ele pode dizer: "Um de nossos clientes, também no setor de manufatura, estava enfrentando dificuldades semelhantes. A produção estava sendo prejudicada pela falta de integração entre departamentos. Quando eles implementaram nosso sistema, não apenas recuperaram o controle, mas aumentaram sua eficiência em 30%. Foi um divisor de águas."

A verdadeira maestria na comunicação subconsciente vem da combinação de técnicas. Usar comandos embutidos dentro de histórias ou aplicar padrões hipnóticos ao narrar um caso real cria um efeito multiplicador na persuasão.

"Quando você decidir implementar esta solução, verá que os resultados serão surpreendentes. Me lembro de um cliente que também estava hesitante no início. Ele dizia: 'Não sei se é o momento certo.' Mas depois de avançar, ele percebeu que era exatamente o que precisava. Hoje, ele está expandindo a empresa graças a essa decisão."

Essa abordagem combina pressuposições, comandos embutidos e uma narrativa empática para conduzir o ouvinte ao resultado desejado.

Embora essas técnicas sejam incrivelmente poderosas, seu uso deve ser guiado por princípios éticos. A persuasão subconsciente não deve ser usada para manipular ou explorar, mas para criar alinhamento e benefícios mútuos.

**Princípios Éticos**

1. **Transparência:**
   Certifique-se de que a intenção final seja clara e alinhada aos interesses de ambas as partes.

2. **Respeito:**
   Evite explorar vulnerabilidades emocionais ou psicológicas.

3. **Valor Relevante:**

   Utilize essas técnicas para apresentar soluções que realmente agreguem valor.

A linguagem do subconsciente é uma arte sutil e eficaz, que exige prática e sensibilidade. Comandos embutidos, padrões hipnóticos e o poder das histórias são ferramentas que transformam qualquer comunicação em uma experiência envolvente e persuasiva. Quando usadas com ética e propósito, essas técnicas não apenas influenciam, mas criam conexões profundas e resultados duradouros.

Dominar essa linguagem é como aprender a tocar uma música que só o subconsciente pode ouvir – uma melodia que guia, convence e transforma. O verdadeiro mestre da negociação não apenas fala; ele conduz, com precisão e elegância, uma sinfonia que ecoa nas decisões e emoções do interlocutor.

Manipular sutilmente requer uma compreensão profunda do comportamento e das emoções do interlocutor. Isso é alcançado por meio da leitura de linguagem corporal, tom de voz e padrões de fala.

Microssinais corporais, como um leve cruzar de braços ou um sorriso tenso, indicam desconforto ou resistência. Reconhecê-los permite ajustar a abordagem antes que o desconforto se torne um obstáculo.

Mudanças no tom de voz revelam flutuações emocionais. Um tom hesitante pode sinalizar dúvida, enquanto um tom mais firme reflete confiança. O negociador atento utiliza essas informações para ajustar sua mensagem.

O ambiente em que ocorre a negociação também é uma ferramenta de manipulação sutil. Elementos como iluminação, disposição dos móveis e até aromas podem influenciar o estado emocional e a receptividade do outro lado.

Uma mesa redonda transmite igualdade e colaboração, enquanto uma mesa retangular com o negociador na cabeceira reforça hierarquia e controle.

**Exemplo Prático:**

Em uma negociação de alta tensão, optar por um ambiente com iluminação suave e cadeiras confortáveis pode criar uma atmosfera de confiança, tornando o outro lado mais propenso a ceder.

Pequenos detalhes, como a temperatura da sala, também afetam as decisões. Estudos mostram que pessoas em ambientes mais quentes tendem a ser mais generosas, enquanto temperaturas frias podem aumentar a cautela.

**O Empresário do Relógio de Ouro**

Um renomado empresário sempre usava um relógio de ouro em reuniões. Não para ostentar, mas para criar uma percepção de sucesso e confiabilidade. Ele sabia que as pessoas, muitas vezes subconscientemente, associam símbolos de riqueza a competência. Seu relógio era uma ferramenta invisível de persuasão, que reforçava sua autoridade sem precisar de palavras.

**A Estratégia do Café**

Um negociador veterano tinha o hábito de oferecer café ao início de cada reunião. Não era apenas uma cortesia: estudos mostram que segurar uma bebida quente induz uma sensação de calor emocional, tornando as pessoas mais receptivas. Essa estratégia simples frequentemente desmontava objeções antes mesmo de a negociação começar.

***

Embora manipulação possa soar pejorativa, a sutileza é essencial para negociações éticas. A chave está em usar essas técnicas para criar benefícios mútuos, ao invés de enganar ou explorar.

Usar técnicas como ancoragem e escolhas limitadas de forma transparente ajuda a criar um ambiente onde ambas as partes se sentem valorizadas e respeitadas.

Manipulação sutil não é sobre engano, mas sobre persuasão estratégica. Negociadores que abusam dessas técnicas para ganhos unilaterais correm o risco de perder credibilidade e futuras oportunidades.

Durante uma fusão corporativa, um negociador enfrentava resistência da outra parte em aceitar um cronograma apertado. Ele começou apresentando um prazo extremamente curto como primeira opção, sabendo que seria rejeitado. Em seguida, introduziu seu prazo ideal como uma alternativa mais "razoável." Sem perceber a estratégia, o outro lado aceitou o prazo como um compromisso justo, enquanto o negociador conseguiu exatamente o que queria.

A manipulação sutil é uma habilidade que exige prática, ética e empatia. Como um maestro conduzindo uma sinfonia, o negociador utiliza técnicas invisíveis para criar harmonia entre interesses opostos. Ao entender a psicologia do subconsciente, a dinâmica do ambiente e as nuances da comunicação, a "mão invisível" pode guiar negociações a resultados que atendam às expectativas de todas as partes envolvidas.

Este capítulo, ao aprofundar-se em estratégias, exemplos práticos e reflexões éticas, oferece ao leitor ferramentas para transformar a manipulação sutil em uma arte poderosa e respeitável.

## Capítulo 11: A Técnica do Espelho Quebrado

A técnica do espelho quebrado é uma abordagem fascinante e complexa que transcende a simples ideia de espelhamento na negociação. Em vez de refletir o comportamento e as emoções do interlocutor para criar conexão, essa técnica utiliza dissonâncias estratégicas para desarmar, provocar introspecção e levar o outro lado a reconsiderar suas posições. É uma tática avançada, que exige precisão, empatia e, acima de tudo, um profundo entendimento da psicologia humana.

A técnica se baseia na ideia de que as pessoas esperam encontrar reflexos consistentes de suas emoções e comportamentos nos outros. Quando essa expectativa é intencionalmente quebrada, surge um desconforto cognitivo que pode ser explorado para redirecionar a negociação.

Quando alguém encontra um "espelho quebrado," ou seja, uma resposta que não se alinha às suas expectativas emocionais, o cérebro entra em um estado de alerta. Essa ruptura na dinâmica interpessoal obriga o interlocutor a reavaliar suas próprias palavras, intenções e até mesmo emoções.

**Exemplo Prático:**

Se o interlocutor reage de forma agressiva e o negociador responde com calma extrema, essa discrepância pode desarmar o comportamento hostil e levar a uma reflexão: "Por que estou agindo assim se o outro lado não está reagindo?"

A aplicação eficaz dessa técnica requer timing, autocontrole e uma leitura precisa do momento. É importante diferenciar entre uma dissonância estratégica e uma provocação desnecessária.

**1. Desarmar Emoções Negativas**

Quando confrontado com raiva, frustração ou hostilidade, responder com calma e empatia pode quebrar o ciclo emocional negativo.

**Exemplo Prático:**

Em uma reunião onde um cliente expressa insatisfação de forma exaltada, o negociador pode responder com uma voz serena: "Entendo sua frustração, e isso mostra o quanto você se importa com os resultados. Vamos resolver isso juntos." Essa resposta desarma o cliente e redireciona o foco para a solução.

**2. Provocar Reflexão**

Uma pergunta ou comentário inesperado pode criar um "rastro no espelho," levando o interlocutor a reavaliar sua postura.

**Na Prática:**

Se o outro lado insiste em uma posição inflexível, o negociador pode dizer: "É interessante como essa questão parece tão importante. Posso perguntar o que está realmente em jogo para você aqui?" Essa abordagem não confronta diretamente, mas quebra o ritmo da insistência.

## 3. Desafiar Suavemente

Quando o interlocutor exibe um comportamento inconsistente com o que está dizendo, apontar isso de forma delicada pode criar uma dissonância construtiva.

**Exemplo:**
Se alguém afirma estar confiante em sua decisão, mas demonstra hesitação na linguagem corporal, o negociador pode dizer: "Sinto que há algo mais importante para discutir aqui. Estou certo?" Essa observação cria espaço para o outro lado expor dúvidas ou preocupações ocultas.

A técnica do espelho quebrado é profundamente enraizada na psicologia humana, operando como um instrumento sutil que desestabiliza padrões previsíveis e incentiva a reflexão. Essa estratégia é sustentada por mecanismos cognitivos e emocionais do cérebro que reagem intensamente à dissonância e buscam constantemente a harmonia entre ações, crenças e sentimentos. Quando bem aplicada, essa abordagem pode transformar uma negociação travada em um diálogo produtivo e revelador.

O sistema límbico é a parte do cérebro responsável pelas emoções, memória e comportamento. Ele desempenha um papel crucial na maneira como as pessoas percebem e reagem às situações, especialmente em interações sociais e negociações.

O sistema límbico é projetado para detectar incongruências no ambiente e reagir a elas como uma forma de sobrevivência. Nos tempos antigos, essa habilidade ajudava os humanos a identificar ameaças, como sinais contraditórios no comportamento de outros membros da tribo. Hoje, a mesma dinâmica se aplica às interações interpessoais.

**Exemplo Prático:**

Quando alguém expressa confiança verbalmente, mas sua linguagem corporal sugere hesitação, o sistema límbico capta essa incongruência e sinaliza um "alerta interno". Esse processo inconsciente cria desconforto emocional, forçando a pessoa a resolver a discrepância.

**Aplicação na Negociação**

Ao quebrar as expectativas emocionais do interlocutor de maneira estratégica, a técnica do espelho quebrado ativa o sistema límbico, gerando uma pausa cognitiva que pode ser explorada. Esse momento de reflexão oferece ao negociador uma oportunidade única para redirecionar a conversa.

**Exemplo de Negociação:**

Um cliente em um estado de frustração diz: "Eu esperava mais da sua empresa." Um negociador que utiliza o espelho quebrado pode responder calmamente: "Isso é realmente importante para você. Posso entender melhor como atendemos suas expectativas?" Essa abordagem quebra o ciclo emocional e convida o cliente a reavaliar sua posição.

**A Teoria da Dissonância Cognitiva**

Leon Festinger, psicólogo social, introduziu a teoria da dissonância cognitiva para explicar o desconforto psicológico que surge quando crenças, emoções ou ações estão desalinhadas. Esse desconforto motiva as pessoas a restaurar o equilíbrio, seja ajustando suas crenças, reinterpretando suas ações ou alterando suas emoções.

1. **O Desconforto Inicial:**

    A dissonância ocorre quando há uma contradição percebida entre o que uma pessoa pensa ou sente e como ela age.

    - **Exemplo:** Um gerente que se considera justo, mas rejeita consistentemente ideias da equipe, experimenta dissonância interna.

2. **O Esforço para Resolver:**

    Para reduzir o desconforto, a mente subconsciente busca alinhamento. Isso pode envolver:

- Alterar a crença: "Talvez eu seja mais rígido do que pensava."
- Justificar a ação: "Rejeitei porque as ideias eram inadequadas."
- Ajustar o comportamento: "Na próxima vez, serei mais receptivo."

A técnica do espelho quebrado amplifica a dissonância cognitiva ao confrontar suavemente as incongruências no comportamento ou discurso do outro lado. Esse confronto deve ser feito com empatia, evitando parecer acusatório ou hostil.

O espelho quebrado é mais eficaz quando usado com habilidade e sensibilidade. Aqui estão algumas formas de aplicá-lo em diferentes cenários:

**1. Apontando Incongruências**

Identificar e mencionar gentilmente uma discrepância entre o que é dito e o que é feito pode levar o interlocutor a ajustar sua postura.

**Exemplo Prático:**

Imagine um cliente que enfatiza a importância de uma parceria de longo prazo, mas insiste em condições que inviabilizam essa relação. O negociador pode dizer: "Você mencionou o valor que dá à nossa parceria, mas estas condições parecem tornar isso difícil. Como podemos equilibrar melhor isso?" Essa observação força o cliente a alinhar palavras e ações.

**2. Reformular o Comportamento**

Ao invés de confrontar diretamente, a técnica pode ser usada para oferecer uma nova perspectiva que redefine a narrativa.

**Exemplo de Reenquadramento:**

Um investidor relutante em avançar por causa de riscos financeiros pode ouvir: "Parece que você valoriza segurança acima de tudo.

Se pudermos mostrar como este projeto minimiza riscos, isso atenderia às suas prioridades?" Essa abordagem desloca o foco de hesitações para soluções.

### 3. Provocando Reflexão

Perguntas abertas e inesperadas podem criar uma pausa reflexiva, interrompendo padrões emocionais automáticos.

**Exemplo:**
Durante uma negociação, se o outro lado pressiona por um desconto, o negociador pode responder: "Entendo que o custo é importante, mas estou curioso: o que você considera mais valioso neste acordo além do preço?" Essa pergunta inesperada convida à introspecção, redirecionando a conversa.

**Casos Reais**

### 1. A Virada de Mesa no Setor de Tecnologia

Uma startup negociava com um investidor que exigia controle significativo em troca de financiamento. O CEO utilizou o espelho quebrado ao dizer: "Você busca segurança no controle, mas mencionou querer investir em inovação. Como podemos garantir ambas as coisas?" Essa abordagem levou o investidor a reconsiderar suas demandas, resultando em um acordo mais equilibrado.

### 2. O Diplomata Desarmador

Durante negociações de paz, um mediador percebeu que uma das partes expressava desejo de reconciliação enquanto fazia exigências punitivas. Ele usou o espelho quebrado ao dizer: "Você claramente se importa com a paz, mas parece que algumas condições dificultam isso. Como podemos realinhar esses objetivos?" Essa técnica abriu espaço para compromissos significativos.

**Por Que o Espelho Quebrado Funciona**

1. **Criação de Espaço Cognitivo:**

A dissonância gerada pelo espelho quebrado cria uma pausa natural na interação, dando tempo para reconsideração e ajustes.

2. **Empatia e Desarmamento:**

    A abordagem cuidadosa reduz resistências, transformando o desconforto inicial em uma oportunidade de diálogo.

3. **Incentivo à Honestidade:**

    Confrontar incongruências de forma não acusatória encoraja o outro lado a expor verdadeiras preocupações e motivações.

Como toda ferramenta poderosa, o espelho quebrado deve ser usado com responsabilidade. Manipular ou explorar vulnerabilidades emocionais pode corroer a confiança e comprometer relações de longo prazo.

**Princípios Éticos**

1. **Mantenha o Respeito:**

    Nunca use a técnica para envergonhar ou desvalorizar o outro lado.

2. **Foque no Benefício Mútuo:**

    Use o espelho quebrado para realinhar expectativas e encontrar soluções que atendam aos interesses de ambos.

3. **Leia o Contexto:**

    Avalie cuidadosamente a situação emocional antes de aplicar a técnica.

A técnica do espelho quebrado é uma ferramenta poderosa e sofisticada, que combina psicologia, empatia e estratégia. Ao utilizar o sistema límbico e a dissonância cognitiva para criar momentos de reflexão, o negociador transforma incongruências em oportunidades para alinhamento e progresso.

Dominar essa arte é mais do que técnica: é compreender profundamente a dinâmica humana, transformando cada dissonância em uma nota harmoniosa dentro da negociação.

## O Executivo Tranquilo

Durante uma fusão corporativa, um executivo sênior foi confrontado por um colega agressivo que o acusava de má gestão. Em vez de reagir defensivamente, ele permaneceu calmo e respondeu: "É interessante você dizer isso. Me pergunto o que podemos aprender juntos para melhorar." Essa resposta não apenas desarmou a tensão, mas também transformou o acusador em um colaborador.

## A Negociação Improvável

Em uma negociação imobiliária, um corretor enfrentava um comprador que insistia em um desconto excessivo. Em vez de rejeitar diretamente a proposta, ele disse: "Você está claramente muito comprometido com este imóvel. O que faz dele tão especial para você?" Essa quebra de expectativa levou o comprador a reavaliar suas exigências e, eventualmente, aceitar um preço justo.

Embora poderosa, essa técnica não é adequada para todas as situações. Usá-la sem sensibilidade pode parecer provocador ou insensível, piorando a dinâmica.

### Momentos a Evitar

1. **Emocionalmente Instáveis:**

    Quando o interlocutor está emocionalmente vulnerável, o espelho quebrado pode amplificar a instabilidade.

2. **Com Pessoas Altamente Defensivas:**

    Alguns indivíduos reagem à dissonância com mais resistência. Avaliar o perfil do outro lado é essencial.

A técnica do espelho quebrado é uma ferramenta avançada, que exige empatia, timing e habilidade para navegar nas complexidades emocionais de uma negociação. Ao criar dissonâncias estratégicas, o negociador não apenas desarma comportamentos desafiadores, mas também incentiva introspecções que podem transformar o rumo da conversa.

Dominar essa técnica é como conduzir uma peça dissonante de música, onde cada nota fora do esperado é usada para criar impacto e harmonia. No final, o espelho quebrado não reflete caos, mas a possibilidade de reconstrução e realinhamento.

# Capítulo 12
# O Compasso de Espera

A paciência é um luxo raro na negociação. É a espada de samurai do negociador mestre: afiada, implacável e usada apenas no momento exato. A espera, muitas vezes subestimada, não é inércia; é estratégia pura. Saber quando calar, quando observar e, principalmente, quando deixar o silêncio encher a sala é tão crucial quanto a argumentação mais eloquente. Afinal, o compasso de espera não é sobre o tempo que passa, mas sobre como você o controla.

Esperar não é simplesmente aguardar. É jogar xadrez em uma dimensão psicológica onde o tempo é a peça mais valiosa. A espera inteligente faz o outro lado revelar suas cartas, perder o equilíbrio ou simplesmente sucumbir ao desconforto da incerteza.

O cérebro humano odeia o vazio. O silêncio é interpretado como algo a ser preenchido, e é aqui que o negociador habilidoso ganha terreno. Deixar o interlocutor com a palavra ou esperando por uma resposta gera uma tensão que o força a preencher o espaço, muitas vezes revelando mais do que pretendia.

**Exemplo Prático:**

Durante uma negociação de valores, o comprador faz uma oferta ousada. O negociador, em vez de responder imediatamente, sorri calmamente e mantém o silêncio. Essa pausa desconfortável leva o comprador a questionar sua própria oferta e, em alguns casos, revisá-la para algo mais favorável antes mesmo de ouvir a contraproposta.

**O Silêncio como Ferramenta Estratégica**

Silêncio não é passividade; é uma declaração sem palavras. Pausas bem colocadas fazem o outro lado pensar que você está avaliando cuidadosamente, criando a percepção de que sua posição é mais sólida e ponderada.

**Na Prática:**

Em um debate acirrado sobre prazos de entrega, ao ouvir a contraparte insistir em um prazo impossível, o negociador faz uma pausa, inspira profundamente e responde calmamente: "Precisamos refletir se isso realmente atende às necessidades de ambos." Essa pausa quebra o ritmo e redefine a dinâmica da conversa.

**Silêncio Ativo**

Silêncio ativo é aquele que você domina como um maestro regendo sua orquestra. Você está lá, presente, mas deixa o outro lado lidar com o desconforto de falar ou reagir. Enquanto eles preenchem o espaço, você coleta informações preciosas.

**Exemplo Clássico:**

Um vendedor experiente, ao apresentar uma proposta audaciosa, faz a declaração e simplesmente espera. O silêncio coloca o foco no comprador, que, ao tentar preencher o vazio, pode acabar concordando ou revelando objeções antes mesmo de serem solicitadas.

A habilidade de manipular o tempo em uma negociação é uma arte que separa os estrategistas dos impulsivos. No tabuleiro da negociação, o tempo não é apenas um recurso; é a força invisível que dita o ritmo do jogo. A capacidade de controlá-lo, saber quando pressionar e quando recuar, é o que transforma um simples negociador em um verdadeiro maestro.

A pressão do tempo é uma ferramenta poderosa, mas, como um bisturi, precisa ser manejada com precisão. Aplicá-la de forma prematura pode parecer desesperado, enquanto segurá-la por muito tempo pode criar a impressão de indecisão. O verdadeiro talento está em calibrar a pressão com base no comportamento do outro lado e nas circunstâncias da negociação.

A tensão temporal é eficaz quando sutil. Em vez de declarar prazos diretamente, o negociador pode usar sinais não verbais, como verificar o relógio ou mencionar vagamente "outros compromissos." Esses gestos criam uma atmosfera de urgência sem parecer manipuladores.

Imagine uma negociação comercial onde o prazo final para fechar um contrato está próximo. O negociador experiente não apressa o interlocutor com lembretes constantes. Em vez disso, ele diminui o ritmo, agindo como se tivesse todo o tempo do mundo. Esse contraste deixa o outro lado nervoso, fazendo-o apressar uma decisão para evitar perder a oportunidade.

Saber quando acelerar é tão importante quanto saber quando desacelerar. Se a outra parte está indecisa, a pressão do tempo pode levá-la a se concentrar e decidir. No entanto, se aplicada a alguém que já está resistente ou emocionalmente instável, o efeito pode ser desastroso.

Use a pressão do tempo como um amplificador, não como um substituto para argumentos convincentes. Uma jogada de "última chamada" só é eficaz quando o interlocutor já está inclinado a aceitar.

Impaciência é o calcanhar de Aquiles de muitos negociadores. Quando mal gerida, ela transforma uma posição forte em uma vulnerável. Em vez de esperar o momento certo para agir, o impaciente apressa-se em falar ou ceder, revelando insegurança e entregando vantagem ao outro lado.

O outro lado nem sempre admite estar impaciente, mas seus comportamentos o entregam. Sinais comuns incluem:

- Respostas rápidas e impulsivas.
- Movimentos corporais agitados, como batucar os dedos ou mexer na cadeira.

- Tentativas de apressar o encerramento da conversa.

Quando perceber esses sinais, desacelere deliberadamente o ritmo. Faça perguntas abertas e insira pausas estratégicas para aumentar a tensão. A impaciência do outro lado trabalhará a seu favor, levando-o a ceder apenas para encerrar o desconforto.

### Controlando Sua Própria Impaciência

Por outro lado, a impaciência pessoal pode ser um sabotador interno. Para dominá-la:

1. **Respire e Recalibre:**

    Antes de falar ou agir, respire fundo e mentalize o objetivo final. Isso ajuda a manter o foco.

2. **Crie Rotinas de Preparação:**

    Entrar em uma negociação com clareza sobre prioridades e limites reduz a necessidade de agir impulsivamente.

3. **Simule Cenários:**

    Pratique conversas com parceiros ou colegas para se acostumar com momentos de silêncio ou resistência.

### O Compasso do Ritmo

### O Momento de Avançar

Avançar significa tomar a iniciativa no momento certo, quando o terreno já foi preparado e o outro lado está receptivo. É uma jogada de precisão, como o ataque final de um xadrezista que calculou cada movimento.

### Exemplo Prático:

Se a outra parte já demonstrou interesse, mas hesita devido a detalhes menores, avançar com uma proposta firme e bem argumentada pode quebrar a inércia e levar à decisão.

### O Momento de Recuar

Recuar não é sinal de fraqueza; é uma estratégia de reagrupamento. Quando a conversa entra em uma zona de resistência intransponível, insistir pode ser contraproducente. Recuar cria espaço para reavaliação, tanto para você quanto para o outro lado.

**Dica de Ouro:**

Ao recuar, nunca abandone completamente sua posição. Deixe uma linha de comunicação aberta, como "Entendo que este não seja o momento certo. Que tal retomarmos esta conversa em breve?" Isso preserva a relação e mantém a porta aberta para futuras negociações.

**O Valor da Pausa**

A pausa é a ferramenta silenciosa mais poderosa no arsenal do negociador. Ela desacelera o ritmo da conversa, permitindo que o outro lado reflita e revele mais sobre suas intenções. Uma pausa bem posicionada pode ser mais eficaz do que mil palavras.

**Na Prática:**

Depois de apresentar um ponto-chave, resista à tentação de preencher o silêncio. O desconforto da pausa frequentemente leva o outro lado a falar mais, revelando informações valiosas ou inclinando-se para um acordo.

O tempo é um elemento psicológico que molda percepções. O controle do ritmo afeta diretamente as emoções, colocando o outro lado em um estado de vulnerabilidade ou confiança, dependendo de como é gerido.

Quando você controla o tempo, o outro lado sente que está sempre respondendo à sua liderança, mesmo que não perceba. Isso cria uma vantagem sutil, mas poderosa, que molda toda a dinâmica da negociação.

Marcar reuniões em horários inconvenientes para o outro lado ou atrasar propositalmente respostas importantes são formas sutis de estabelecer domínio sobre o relógio.

Dominar o compasso de espera não é apenas sobre paciência; é sobre estratégia, timing e leitura precisa do contexto. Ao controlar o tempo com maestria, você transforma a negociação em um jogo onde cada segundo trabalha a seu favor. Afinal, o verdadeiro mestre do tempo não é aquele que se apressa, mas aquele que sabe exatamente quando agir e, mais importante, quando esperar.

**Cases**

**A Tática do General Quieto**

Um famoso general militar, ao negociar a rendição de um inimigo, usou o compasso de espera como arma psicológica. Ele chegou ao encontro, ouviu pacientemente as demandas e, em vez de responder, levantou-se, olhou pela janela e ficou em silêncio. O outro lado, incomodado com a falta de reação, começou a revisar suas exigências, tentando adivinhar o que o general pensava. No final, cederam mais do que o esperado, apenas para quebrar o silêncio.

**O Corretor de Paciência Infinita**

Um corretor imobiliário, conhecido por sua calma imperturbável, usava o compasso de espera para obter descontos significativos. Ao ouvir uma objeção de preço, ele simplesmente dizia: "Entendo sua preocupação. Vamos refletir um pouco sobre isso." Essa frase, acompanhada de silêncio, criava uma pressão interna no vendedor, que frequentemente cedia para preencher o vazio.

Embora poderoso, o compasso de espera não é uma bala de prata. Algumas situações exigem ação imediata, e a espera pode ser interpretada como hesitação ou falta de interesse.

**Sinais de que é hora de agir:**

1. **Urgência Genuína:** Quando há um prazo crítico que exige decisão rápida.
2. **Interlocutores Diretos:** Algumas pessoas preferem respostas rápidas e podem interpretar a espera como descaso.
3. **Clima Emocional Instável:** Em situações de alta tensão, o silêncio pode amplificar conflitos em vez de resolvê-los.

**Como Aperfeiçoar o Compasso de Espera**

1. **Pratique o Silêncio:**

Treine ficar confortável com pausas em conversas cotidianas. Isso aumenta sua capacidade de usá-las estrategicamente em negociações.

2. **Leia o Ambiente:**

Avalie se o momento é adequado para esperar ou se é necessário intervir. O silêncio só funciona quando usado no contexto certo.

3. **Controle Suas Emoções:**

Aprenda a manter a calma enquanto espera. Impaciência ou desconforto podem sabotar a eficácia da técnica.

O compasso de espera não é apenas sobre silenciar-se; é sobre dominar o tempo, a tensão e a dinâmica da interação. É a pausa que faz a música, o silêncio que fala mais alto do que palavras. Quando bem executado, ele transforma a negociação em um jogo onde você dita o ritmo, enquanto o outro lado tenta acompanhá-lo.

Na próxima vez que estiver em uma mesa de negociações, lembre-se: o compasso de espera não é inação. É estratégia pura, onde cada segundo é uma nota no grande concerto da persuasão.

# Capítulo 13
# O Jogo das Máscaras

A negociação é um teatro sem cortinas, onde todos os atores usam máscaras cuidadosamente escolhidas para desempenhar seus papéis. Algumas dessas máscaras são autênticas; outras, uma fachada deliberada para proteger intenções ou manipular percepções. Entender o jogo das máscaras não é apenas útil; é essencial. A habilidade de decifrar personas e ajustar a sua conforme necessário transforma o negociador comum em um estrategista implacável.

Vestir uma máscara não é apenas uma tática; é um instinto humano. Desde os primórdios, aprendemos a adaptar nossas expressões, tom e postura para sobreviver, evitar conflitos ou conquistar aliados. Em negociações, as máscaras não só protegem nossas fragilidades, mas também moldam a forma como somos percebidos.

Jung descreveu a *persona* como a face pública que mostramos ao mundo, um "sistema de adaptação" que equilibra nossas verdadeiras intenções e as expectativas externas. Assim, as máscaras que vestimos nas negociações são uma extensão dessa persona, ajustadas para maximizar nossa influência enquanto ocultam nossas vulnerabilidades.

**Exemplo Prático:**

Imagine um empresário enfrentando investidores em uma rodada de financiamento. Mesmo que internamente esteja ansioso, ele adota a máscara da autoconfiança. Com postura ereta, tom firme e gestos calculados, ele projeta segurança e estabilidade, mascarando seus receios. Essa máscara, embora uma construção, é crucial para conquistar credibilidade.

Jung argumentava que os arquétipos – figuras universais presentes no inconsciente coletivo – influenciam nossas ações e a forma como interagimos. Em negociações, essas figuras arquetípicas podem ser vistas nas máscaras que usamos. Elas são como capas de super-heróis que escolhemos vestir, moldando nossas interações e a percepção do outro.

### O Rei ou Rainha

Essa máscara projeta liderança, poder e segurança. Quem a veste assume uma postura de comando, usando tom de voz firme, linguagem corporal aberta e uma narrativa que inspira confiança.

**Exemplo:**
Um CEO negociando uma fusão veste a capa do Rei ao dizer: "Esta é uma oportunidade de crescimento estratégico para ambas as partes." Ele posiciona sua liderança como inquestionável e molda a percepção de que está oferecendo algo grandioso.

### O Guerreiro

Essa máscara é utilizada para mostrar resiliência e assertividade. Quem a veste exibe confiança inabalável, mesmo diante de desafios ou rejeições.

**Exemplo:**
Um vendedor enfrentando um cliente relutante veste o Guerreiro ao declarar: "Compreendo suas dúvidas, mas estou aqui para garantir que essa solução seja a melhor escolha." Ele demonstra perseverança, sem parecer agressivo.

### O Curador

Quando o objetivo é criar conexão emocional e desarmar objeções, a máscara do Curador é ideal. Ela envolve ouvir ativamente, validar emoções e oferecer caminhos de solução.

**Exemplo:**
Em uma negociação tensa, um mediador diz: "Entendo sua frustração; isso mostra o quanto você valoriza esse projeto. Vamos encontrar uma solução juntos." Essa postura cria um ambiente colaborativo.

Assim como o calçado errado pode machucar em uma caminhada longa, uma máscara mal escolhida ou usada por muito tempo pode desgastar sua eficácia. A verdadeira maestria está em saber quando trocar de máscara e quando abandoná-la completamente.

Nas negociações, o sucesso muitas vezes depende da habilidade de alternar entre diferentes arquétipos. Mudar de postura – do Guerreiro para o Curador, por exemplo – pode desconcertar o outro lado e abrir novas possibilidades.

**Exemplo Prático:**

Um negociador que começa uma conversa como o Rei, estabelecendo autoridade, pode mudar para o Curador ao abordar uma objeção delicada. Essa transição demonstra flexibilidade e inteligência emocional.

Jung alertava que a persona, quando usada em excesso, pode se tornar uma prisão. Da mesma forma, em negociações, manter uma máscara rígida pode levar à desconexão e à perda de credibilidade.

Um gestor que insiste em usar a máscara do Guerreiro em todas as interações pode ser percebido como inflexível e intransigente, afastando colaboradores e parceiros.

Em alguns momentos, expor vulnerabilidades genuínas é mais eficaz do que manter a fachada. Essa "quebra da máscara" cria um impacto emocional que pode transformar a dinâmica da negociação.

**Na Prática:**

"Vou ser sincero com você: este acordo é importante para nós, mas queremos garantir que seja benéfico para ambos." Essa abordagem humana quebra barreiras e constrói confiança.

Embora reconhecer máscaras seja essencial, julgá-las superficialmente pode levar a erros estratégicos. O que parece ser uma máscara de dureza, por exemplo, pode esconder insegurança. A verdadeira habilidade está em observar além da superfície.

**Ferramentas para Decifrar Máscaras**

1. **Microexpressões:**
   As emoções reais frequentemente escapam em expressões faciais rápidas e involuntárias. Uma breve contração dos lábios ou um olhar desviado pode revelar a verdade por trás da máscara.

2. **Padrões de Linguagem:**

   Escute o tom, a escolha das palavras e o ritmo da fala. Um tom hesitante, mesmo em uma declaração assertiva, pode indicar dúvidas.

3. **Linguagem Corporal:**

   Posturas fechadas, como braços cruzados, podem sinalizar defensividade, enquanto gestos expansivos indicam abertura e confiança.

As máscaras que usamos não apenas moldam como somos percebidos, mas também influenciam a dinâmica emocional do ambiente. Jung destacava que arquétipos ressoam com o inconsciente coletivo, criando respostas previsíveis em quem os observa.

Vestir uma máscara de autoridade inspira respeito, enquanto uma de empatia promove colaboração. No entanto, máscaras negativas, como a do Crítico Inflexível, podem criar resistência e defensividade.

**Exemplo Prático:**

Um negociador que usa a máscara do Curador em uma situação tensa pode transformar a energia do ambiente, promovendo abertura e desarmando hostilidade.

Ler as máscaras do outro lado é uma arte que combina empatia, observação e análise estratégica. Por trás de cada comportamento há pistas sutis sobre intenções reais, vulnerabilidades e pontos de pressão.

Enquanto as palavras podem mentir, o corpo frequentemente trai a verdade. Gestos, microexpressões e posturas revelam incongruências que desnudam as máscaras.

**Exemplo Prático:**

Um comprador que insiste em não ultrapassar um orçamento, mas evita contato visual e cruza os braços enquanto fala, pode estar escondendo margem para negociação. Identificar essa discrepância permite ajustar sua abordagem para desarmar a resistência.

**As Máscaras Mais Comuns na Negociação**

1. **A Máscara da Dureza:**

    Usada para intimidar e estabelecer domínio, essa máscara costuma incluir linguagem firme, voz alta e postura rígida. Por trás dela, muitas vezes há medo de perder o controle.

2. **A Máscara da Vulnerabilidade:**

    Projetada para gerar empatia e concessões, essa máscara inclui tons emocionais, como "realmente precisamos disso." Na realidade, pode ser uma tática para manipular decisões.

3. **A Máscara da Neutralidade:**

Um rosto impassível, usado para esconder intenções e evitar dar vantagens. Essa máscara é frequentemente associada a negociadores experientes.

**Dica Estratégica:** Ao identificar a máscara que o outro lado está usando, pergunte a si mesmo: "O que essa máscara está tentando esconder ou proteger?" Esse questionamento frequentemente revela motivações ocultas.

Enquanto decifrar as máscaras do outro lado é vital, saber quais máscaras vestir em diferentes situações é igualmente importante. Elas não são ferramentas de engano, mas de adaptação estratégica.

Demonstrar flexibilidade comunica disposição para colaborar, enquanto esconde a rigidez estratégica de seus objetivos. Essa máscara é eficaz em negociações prolongadas, onde a construção de confiança é essencial.

**Na Prática:**

"Entendo sua posição e estou disposto a trabalhar em algo que funcione para ambos." Essa frase sugere abertura, enquanto permite que você conduza a conversa para seus interesses.

Adotar uma máscara de autoridade, mesmo que internamente você não se sinta completamente confiante, ajuda a estabelecer controle e respeito na negociação.

Em uma discussão sobre prazos, uma resposta como "Esses termos são essenciais para o nosso sucesso conjunto" reforça uma posição de poder, mascarando qualquer hesitação interna.

Assim como uma máscara bem escolhida pode fortalecer sua posição, uma mal utilizada pode enfraquecer sua credibilidade. O equilíbrio entre autenticidade e estratégia é fundamental.

**Quando a Máscara se Torna uma Armadilha**

- **Incongruência:**
  Se a linguagem corporal não sustenta a máscara verbal, o outro lado perceberá a inconsistência.

- **Excesso de Uso:**
  Usar uma máscara por tempo demais pode levar o outro lado a questionar sua autenticidade.

**Exemplo Real:**

Um vendedor que exagera a confiança pode ser percebido como arrogante, perdendo a conexão emocional com o cliente.

**Estratégias para Dominar o Jogo das Máscaras**

1. **Rotação de Máscaras:**

   Use diferentes máscaras em diferentes momentos da negociação. Isso mantém o outro lado constantemente ajustando sua própria estratégia.

2. **Quebra Controlada da Máscara:**

   Revelar vulnerabilidades genuínas em momentos estratégicos pode desarmar o outro lado e criar empatia.

**Exemplo Tático:**

"Vou ser honesto com você: estamos operando no limite, mas acredito que podemos encontrar um meio termo." Essa quebra de barreira cria uma conexão mais humana, enquanto ainda preserva sua posição.

**Reconheça as Máscaras Alheias Publicamente:**
Apontar suavemente a máscara do outro lado pode desnorteá-lo, forçando-o a ajustar sua abordagem.

**Na Prática:**

"Você parece muito firme nessa posição, mas sinto que há algo mais que gostaria de considerar. Estou certo?" Essa abordagem quebra a armadura emocional do interlocutor.

## Cases

### O Empreendedor Implacável

Um empreendedor conhecido por sua abordagem agressiva usava deliberadamente a máscara da dureza ao negociar com fornecedores. Em uma reunião, um fornecedor experiente disse: "Eu respeito sua firmeza, mas sei que deseja o mesmo sucesso que eu." Essa observação desarmou o empreendedor, levando-o a adotar uma postura mais colaborativa.

### O Diplomata da Empatia

Um negociador internacional, ao lidar com um líder hostil, usou a máscara da vulnerabilidade, compartilhando uma história pessoal sobre dificuldades enfrentadas em negociações passadas. Essa abordagem inesperada quebrou o gelo e transformou o diálogo em um debate produtivo.

***

O jogo das máscaras é mais do que uma estratégia; é uma dança cuidadosa entre percepção e intenção. Saber quando usar uma máscara, quando trocá-la e, acima de tudo, quando abandoná-la é a essência de uma negociação bem-sucedida.

No final, o segredo não é apenas dominar o uso das máscaras, mas também aprender a olhar através delas – tanto as suas quanto as do outro lado. Porque, como em todo teatro, as máscaras podem ocultar, mas também podem revelar verdades que nunca seriam ditas abertamente.

# Capítulo 14
# A Paixão pelo Controle

O controle é o fio invisível que move as peças do tabuleiro da negociação. Para alguns, é uma obsessão; para outros, uma necessidade estratégica. Saber quando puxar esse fio e quando soltá-lo é a diferença entre o negociador comum e o maestro das interações. O equilíbrio entre ego, controle e flexibilidade não é apenas uma virtude; é a essência da negociação de alta performance.

O desejo de controle está enraizado na psique humana. Carl Jung, em suas explorações sobre o inconsciente coletivo, descreveu como o ego busca segurança e domínio como uma forma de proteger-se do caos. Nas negociações, isso se manifesta como a necessidade de manter o domínio da narrativa, proteger posições e evitar concessões que possam ser vistas como fraquezas.

Em situações de alta tensão ou incerteza, manter o controle demonstra liderança e segurança. Uma postura firme e decisões claras estabelecem autoridade, criando um ambiente em que o outro lado confia na sua capacidade de conduzir.

Imagine um investidor negociando os termos de uma parceria. Ao articular claramente os limites e prioridades – "Estamos comprometidos com prazos curtos, mas a qualidade é inegociável" – ele demonstra que sabe exatamente o que quer, definindo o tom da negociação.

O desejo inabalável de controlar cada aspecto pode levar ao desastre. Negociadores que insistem em ter a última palavra frequentemente perdem oportunidades de colaboração, pois sua inflexibilidade afasta o outro lado.

Um CEO em uma negociação de aquisição insiste em impor todos os termos, ignorando as preocupações do vendedor. O resultado? O vendedor recua, sentindo-se desvalorizado, e a negociação desmorona.

**A Armadilha do Ego no Controle**

O ego é o grande maestro invisível que frequentemente sabota até mesmo os negociadores mais experientes. Ele transforma o desejo de controle em uma obsessão, onde a vitória se torna mais importante do que o resultado.

Quando o ego assume o comando, a negociação deixa de ser uma troca estratégica e se torna uma batalha pessoal. Isso é perigoso, pois coloca o foco em vencer o outro lado, em vez de alcançar um resultado mutuamente benéfico.

Um líder, ao ouvir uma contraproposta, decide rejeitá-la imediatamente apenas para "mostrar força." Ele ignora que a oferta poderia ter sido ajustada para atender a ambas as partes.

A chave para superar o ego é a autoconsciência. Um negociador deve aprender a reconhecer os momentos em que está sendo movido por emoções, como orgulho ou raiva, e redirecionar seu foco para os objetivos reais da negociação.

Antes de reagir a uma provocação ou desafio, pergunte-se: "Minha resposta está servindo ao objetivo final ou apenas ao meu ego?"

**O Controle Flexível: A Chave para a Maestria**

Saber quando ceder é tão importante quanto saber quando dominar. Controle não significa rigidez; significa ajustar o ritmo da negociação de acordo com as necessidades do momento.

Concessões feitas de forma estratégica não são sinais de fraqueza, mas sim ferramentas de influência. Ao ceder em áreas menos importantes, você cria boa vontade e posiciona-se para negociar de forma mais assertiva em questões críticas.

Um negociador de contratos aceita um pedido de extensão de prazo, mas em troca exige maior comprometimento em termos financeiros. Essa troca demonstra flexibilidade sem comprometer seus interesses principais.

Controle solto é a arte de parecer aberto e relaxado, enquanto mantém o domínio estratégico. Isso envolve ouvir ativamente, permitir que o outro lado sinta que está conduzindo a conversa, enquanto você discretamente guia o resultado.

**Na Prática:**

"Entendo que essa proposta é importante para você. Que tal explorarmos juntos como podemos fazer isso funcionar?" Essa abordagem transfere a sensação de controle para o interlocutor, ao mesmo tempo em que posiciona suas ideias como base para a solução.

No grande teatro das negociações, o controle emocional é o fio que mantém a tensão – não muito frouxo para perder o ritmo, nem tão apertado que arrebente. É o *jogo das cordas*, onde quem domina suas emoções ganha, porque é capaz de controlar também o clima emocional do ambiente. Mais do que uma habilidade tática, esse controle é um exercício de estoicismo, a arte de governar a si mesmo em meio ao caos.

Os estoicos, filósofos como Sêneca e Marco Aurélio, ensinaram que a única coisa que podemos realmente controlar é nossa resposta às situações. Nas negociações, essa verdade ressoa profundamente: você não pode controlar as ofertas, as provocações ou as reações do outro lado, mas pode decidir como responder a elas. Aquele que permanece impassível diante de uma tempestade emocional torna-se o ponto de referência, a âncora em um mar revolto.

O estoicismo não prega a supressão das emoções, mas a compreensão e a gestão delas. Reconhecer o impacto de suas próprias emoções e aprender a usá-las estrategicamente transforma um momento de fraqueza em uma vantagem tática.

Quando uma provocação surge – "Essa proposta é um insulto à nossa empresa" – o negociador estoico não morde a isca. Ele respira, pausa e responde: "Entendo sua preocupação, e é exatamente por isso que quero explorar mais detalhes." O ataque é desarmado com serenidade, e a narrativa é reposicionada.

No jogo das cordas, o domínio das emoções é representado pela capacidade de ajustar a tensão. Puxar demais, e o outro lado pode recuar. Soltar completamente, e a negociação perde ritmo. Saber calibrar esse equilíbrio é o que diferencia o amador do mestre.

Puxar a corda é criar tensão emocional estratégica. Isso pode ser feito com silêncio intencional, perguntas incisivas ou demonstrações de autoridade.

**Exemplo Prático:**

"Você mencionou que essa parceria é fundamental para sua empresa. Como podemos garantir que estamos alinhados em todas as etapas?" Essa frase não só reafirma o valor da negociação, mas também exige uma resposta, criando uma tensão positiva que força o interlocutor a se posicionar.

Soltar a corda é demonstrar flexibilidade e desarmar conflitos. Às vezes, é melhor ceder um pouco para que o outro lado sinta que está ganhando – uma ilusão de controle que mantém você no comando.

**Na Prática:**

"Compreendo que essa questão é importante para você. Podemos considerar ajustes nesse ponto enquanto equilibramos outros aspectos do acordo?" Essa abordagem solta a tensão, mas mantém a direção estratégica.

**Técnicas Estoicas para o Jogo das Cordas**

1. **Visualização Negativa:**

    Antes de entrar em uma negociação, imagine os piores cenários possíveis. Isso não apenas reduz o impacto emocional de contratempos, mas também o prepara para responder racionalmente.

2. **Diferenciação de Controles:**

   Pergunte-se: "Isso está sob meu controle?" Se não estiver, libere-se da carga emocional. Foque no que pode influenciar diretamente.

3. **A Pausa Estoica:**

   Quando provocado ou pressionado, use o silêncio como uma pausa estratégica. Respire, organize seus pensamentos e retome o controle da conversa.

Se pressionado por uma decisão imediata, responda: "Essa é uma questão importante. Preciso de um momento para refletir e garantir que ofereço a melhor solução." Esse intervalo dá espaço para recuperar o domínio.

**O General das Emoções: Liderança pelo Controle Interno**

Como o general que lidera suas tropas com calma inabalável em meio ao caos, o negociador que controla suas emoções se torna a figura de autoridade no ambiente. Ele dita o ritmo porque sua presença inspira confiança ou intimida pela serenidade.

Assim como em uma guerra, as negociações são vencidas não apenas pelas ações, mas também pelo estado emocional que você projeta. Um negociador ansioso espalha nervosismo; um sereno, equilibra a balança.

Ao enfrentar uma situação de alta pressão, projete calma e segurança. Sua energia emocional contagiará o outro lado, moldando o ambiente a seu favor.

O excesso de controle emocional pode parecer apatia ou indiferença. Negociadores que nunca demonstram emoção correm o risco de parecer desumanos ou distantes, prejudicando a conexão com o outro lado.

Ser estoico não significa ser uma estátua. Demonstrações autênticas de emoção, quando bem cronometradas, criam impacto e fortalecem a relação.

**Exemplo Prático:**

Ao falar sobre uma parceria estratégica, um toque de entusiasmo pode transformar a conversa: "Estamos genuinamente animados com o potencial desta colaboração." Essa emoção bem dosada inspira confiança.

No final, o jogo das cordas não é sobre dominar o outro lado; é sobre dominar a si mesmo. O estoicismo ensina que as emoções não são inimigas, mas ferramentas que, quando manejadas com sabedoria, tornam-se aliadas poderosas. Quem controla suas reações controla o ritmo, o tom e, muitas vezes, o resultado da negociação.

Ser o maestro no jogo das cordas significa saber quando puxar, quando soltar e, acima de tudo, quando simplesmente permanecer imóvel, deixando que o outro lado se enrosque nos próprios nós. A verdadeira vitória não está em vencer o outro, mas em liderar com serenidade e estratégia, como um estoico que transforma a tempestade em um mar de oportunidades.

# Capítulo 15
# O Halo e a Primeira Impressão

Na mesa de negociação, o primeiro impacto é como uma assinatura invisível que define o tom da conversa. A primeira impressão funciona como um halo – uma aura que molda a percepção do interlocutor, muitas vezes de maneira subconsciente e duradoura. No universo da persuasão, o negociador que entende o poder desse halo sabe que ele pode ser tanto uma coroa reluzente quanto um peso que o arrasta para baixo.

O efeito halo, cunhado pelo psicólogo Edward Thorndike, descreve como a percepção inicial de uma característica positiva ou negativa influencia todas as outras avaliações subsequentes. Em outras palavras, uma primeira impressão forte – seja boa ou ruim – tende a projetar sua influência sobre todas as interações futuras.

Nas negociações, o efeito halo é a força invisível que determina se você será visto como um parceiro confiável, um adversário intimidador ou um oportunista. Ele influencia não apenas o que o outro lado pensa de você, mas também como eles interpretarão suas ações e palavras.

Se você entra em uma reunião demonstrando confiança e clareza, cada proposta que fizer será vista como sólida e bem pensada. Por outro lado, uma entrada desorganizada pode fazer com que até mesmo suas melhores ideias sejam recebidas com ceticismo.

A primeira impressão é construída em segundos, mas molda minutos, horas e até dias de interação. Para garantir que o seu halo seja positivo, você precisa dominar os elementos que o criam.

**1. Aparência**

Não se engane: a aparência importa. Não se trata de usar roupas caras, mas de transmitir profissionalismo e cuidado. O que você veste, como se apresenta e até mesmo como você se senta comunicam mensagens silenciosas.

**Dica Prática:**

Escolha roupas que se alinhem ao contexto da negociação. Em reuniões formais, opte por um traje clássico. Em ambientes mais descontraídos, a sofisticação casual é a chave.

### 2. Linguagem Corporal

O corpo fala antes que a boca o faça. Postura aberta, contato visual direto e gestos moderados criam uma impressão de segurança e receptividade.

**Exemplo:**
Em vez de cruzar os braços ou inclinar-se para trás, mantenha uma postura ereta, com as mãos visíveis sobre a mesa. Isso transmite abertura e disposição para colaborar.

### 3. Tom de Voz

Seu tom de voz não deve apenas informar; ele deve inspirar. Um tom calmo, confiante e bem modulado estabelece autoridade sem parecer impositivo.

### O Halo da Primeira Interação

Se a aparência cria a moldura do halo, suas primeiras palavras definem a imagem que será projetada. Um início confiante e bem articulado estabelece credibilidade instantânea.

**Técnicas para um Início Impactante**

1. **Introdução Estratégica:** Comece com uma declaração que destaque sua intenção e autoridade.

- **Exemplo:** "É um prazer estar aqui hoje. Nosso objetivo é encontrar a melhor solução para ambas as partes."

2. **Reconhecimento do Outro Lado:** Mostrar respeito e interesse pelo interlocutor ajuda a criar uma conexão inicial.
    - **Exemplo:** "Eu li sobre o trabalho que vocês têm feito recentemente, e é impressionante. Estou animado para colaborar."

3. **Estabelecimento de Tom:** Defina o tom da conversa com otimismo e clareza.
    - **Exemplo:** "Vamos explorar juntos como podemos transformar essa oportunidade em um grande sucesso."

Assim como o halo positivo pode amplificar seus pontos fortes, um halo negativo pode obscurecer suas intenções. Pequenos erros ou deslizes podem criar uma percepção desfavorável que será difícil de corrigir.

## Como Evitar o Halo Negativo

1. **Pontualidade:**
   Chegar atrasado envia a mensagem de desrespeito ou desorganização.

2. **Preparo:**
   Demonstrar desconhecimento sobre o assunto ou o contexto da reunião prejudica sua credibilidade.

3. **Empatia em Falta:**
   Ignorar as preocupações ou necessidades do outro lado cria uma barreira emocional.

**Dica Prática:** Se perceber que cometeu um erro, reconheça-o rapidamente e recupere o controle.

- **Exemplo:** "Percebo que não fui claro o suficiente sobre este ponto. Deixe-me corrigir isso."

A primeira impressão é mais do que um momento fugaz; é um evento psicológico poderoso que desencadeia uma série de vieses mentais capazes de influenciar toda a interação subsequente. Quando entramos em uma negociação, o que fazemos nos primeiros segundos molda não apenas como somos percebidos, mas também como todas as nossas ações posteriores serão interpretadas. Entender e manipular esse processo é essencial para o negociador que busca dominar o jogo.

### O Viés de Confirmação: O Guardião do Halo

O viés de confirmação é uma tendência cognitiva profundamente enraizada em todos nós. Ele descreve a inclinação do cérebro humano de buscar informações que sustentem uma impressão inicial, ignorando ou minimizando dados que a contradizem. Isso significa que, uma vez que o halo é formado, ele se torna uma lente através da qual todas as ações subsequentes serão vistas.

O cérebro humano é um economizador de energia. Confirmar uma impressão já existente requer menos esforço cognitivo do que reconsiderar ou revisar percepções. Quando o interlocutor o percebe como confiável, ele inconscientemente atribui essa qualidade a cada decisão, palavra ou gesto seu.

**Exemplo Prático:** Um negociador que começa com uma postura confiante e bem preparada será visto como competente mesmo se cometer pequenos deslizes, porque o viés de confirmação sustenta a ideia de que ele é confiável.

### Como Aproveitar o Viés de Confirmação

1. **Comece Forte:** Garanta que a primeira interação projete as qualidades que você deseja que sejam associadas a você. Autoridade, empatia ou flexibilidade, escolha o tom que mais beneficia o contexto da negociação.

2. **Reforce a Narrativa:** Alimente continuamente a percepção inicial com ações consistentes. Um gesto simples como trazer um relatório detalhado reforça a impressão de ser meticuloso e bem preparado.

**Dica Estratégica:** Reforce o viés de confirmação utilizando frases que ecoem a percepção inicial do outro lado, como: "Como já mencionei antes, nossa abordagem sempre prioriza a transparência." Essa consistência solidifica o halo positivo.

## O Efeito Primazia: O Peso das Primeiras Palavras

Se o viés de confirmação sustenta a percepção inicial, o efeito primazia é o responsável por criá-la. Este viés descreve a inclinação do cérebro humano em dar mais peso às primeiras informações recebidas, em vez de considerar as subsequentes com igual atenção. Na prática, isso significa que as primeiras palavras, gestos ou expressões que você projeta têm um impacto desproporcional.

Do ponto de vista evolutivo, julgar rapidamente era uma habilidade de sobrevivência. Identificar aliados ou ameaças em segundos era essencial, e essa tendência ainda está conosco. Em negociações, o efeito primazia é o mecanismo que fixa o halo – para o bem ou para o mal.

**Exemplo Prático:** Se você começa uma reunião com um cumprimento caloroso e um comentário positivo sobre o projeto do interlocutor, cria um tom amigável que colore toda a interação subsequente.

### Como Dominar o Efeito Primazia

1. **Prepare a Entrada:** Não entre em uma negociação improvisando. Ensaiar as primeiras palavras ou ações é essencial para garantir que o impacto inicial seja exatamente o que você deseja.

2. **Controle o Ambiente:** Sempre que possível, configure o local e o ambiente da reunião para refletir as qualidades que você deseja projetar, como organização ou criatividade.

**Dica Estratégica:** Seja claro e direto ao abrir a negociação. Frases como "Estou animado para explorar como podemos criar valor juntos" criam uma impressão de entusiasmo e colaboração.

**Moldando o Halo a Longo Prazo**

Embora a primeira impressão seja poderosa, o halo não é estático. Ele pode ser reforçado ou transformado ao longo da interação, dependendo de como você conduz o diálogo e responde a desafios. Isso significa que mesmo um começo desfavorável pode ser corrigido com as ações certas.

Se você começou bem, sua prioridade deve ser manter a consistência. Pequenos deslizes podem ser ignorados, mas grandes inconsistências podem comprometer o halo.

Se você foi percebido como inovador, traga ideias criativas ao longo da negociação para reforçar essa imagem. Demonstre que a impressão inicial não foi um acidente, mas uma característica genuína.

Quando o início foi desfavorável, reformular o halo é possível, mas requer esforço deliberado. O segredo está em surpreender o interlocutor com ações ou palavras que contradizem a percepção negativa inicial.

Se você foi percebido como desatento, mostre interesse genuíno ao perguntar detalhes sobre o ponto de vista do outro lado: "Quero entender melhor como vocês chegaram a essa conclusão." Esse gesto contrasta com a impressão inicial, forçando o interlocutor a reconsiderar.

---

**Outros Vieses que Influenciam o Halo**

Embora o viés de confirmação e o efeito primazia sejam os mais significativos, outros vieses também desempenham um papel importante na construção e manutenção do halo.

### 1. O Viés de Atributo

Esse viés ocorre quando uma característica específica – como uma voz confiante ou uma aparência profissional – é usada como base para inferir outras qualidades. Isso significa que pequenos detalhes podem ter um impacto desproporcional.

**Dica Prática:** Trabalhe nos detalhes que moldam sua imagem, como tom de voz, vestimenta e escolha de palavras. Esses atributos criam um efeito de contágio que beneficia o halo.

### 2. O Viés da Ancoragem

Esse viés descreve a tendência de as pessoas darem peso excessivo à primeira informação recebida. Nas negociações, você pode moldar expectativas usando a ancoragem a seu favor.

**Exemplo Prático:** Ao apresentar uma proposta, comece com um ponto alto que estabeleça o parâmetro para o restante da negociação: "Estamos falando de um potencial de economia de 20% com esta solução." Isso ancora a percepção de valor.

O halo e a primeira impressão não são apenas pontos de partida; eles são os pilares sobre os quais a percepção é construída. Entender os vieses que os influenciam – como o viés de confirmação, o efeito primazia e o viés de atributo – permite que você não apenas molde como é percebido, mas também controle a narrativa da negociação.

No final, o verdadeiro mestre da negociação sabe que o halo não é um ornamento fixo, mas uma ferramenta dinâmica. Reforçando-o com consistência ou ajustando-o com ações estratégicas, você pode não apenas influenciar o outro lado, mas também garantir que o resultado final seja tão positivo quanto a impressão inicial que você criou. Afinal, quem controla o halo controla o jogo.

# Capítulo 16
# A Armadilha do Ego

Jean-Paul Sartre, em sua filosofia existencialista, descreveu o homem como "condenado a ser livre," afirmando que cada indivíduo carrega o peso de suas escolhas e a responsabilidade por construir sua própria identidade. O ego, dentro dessa visão, não é apenas o reflexo de quem somos, mas também uma construção que se molda à luz do olhar dos outros. Ele é tanto a liberdade de criar nossa imagem quanto a prisão de mantê-la coerente. Em negociações, esse conceito sartreano do ego se traduz em um jogo delicado entre autodefesa e autossabotagem, onde o negociador precisa equilibrar o impulso de proteger seu orgulho com a necessidade de alcançar objetivos tangíveis.

Para Sartre, o ego é uma projeção do "ser-para-os-outros" – uma forma de se apresentar ao mundo, moldada pelo desejo de ser reconhecido e validado. É essa busca constante por aprovação e identidade que torna o ego uma ferramenta essencial para interações sociais, mas também uma armadilha. Ele nos empurra a agir de formas que reforcem a imagem que queremos projetar, mesmo que isso nos afaste de nossas metas.

No ambiente de negociação, o ego pode ser tanto uma vantagem quanto uma fraqueza. Quando bem controlado, ele confere confiança e presença; quando descontrolado, transforma o diálogo em um campo de batalha pessoal.

Imagine um negociador que entra em uma reunião projetando autoridade. Ele consegue estabelecer um tom de respeito inicial, mas, ao se deparar com uma objeção, seu ego o empurra a insistir em sua posição de forma inflexível, comprometendo o acordo.

Aqui, o ego passa de aliado a inimigo, sabotando a própria negociação.

**O Olhar do Outro**

Sartre argumentava que o ego é profundamente influenciado pelo olhar do outro. Em suas palavras, "o outro é o mediador indispensável entre mim e mim mesmo." Isso significa que, em grande parte, moldamos nossa identidade com base em como imaginamos que somos percebidos. Nas negociações, essa dinâmica pode ser particularmente intensa.

Quando estamos diante de interlocutores, o ego busca constantemente sinais de reconhecimento. Esse desejo pode se manifestar como a necessidade de parecer competente, firme ou superior. No entanto, ao focar demais em como somos vistos, podemos perder o foco no que realmente importa: o resultado da negociação.

Um negociador, ao ser elogiado por sua postura confiante, passa a priorizar a manutenção dessa imagem, recusando-se a ceder em pontos menores. Essa rigidez impede concessões estratégicas, prolongando ou até sabotando o acordo.

Por outro lado, quando o ego percebe uma ameaça – uma crítica, uma objeção ou um tom desafiador – ele reage de forma defensiva. Essa reação é uma tentativa de preservar a identidade construída, mas pode levar a comportamentos impulsivos e destrutivos.

Embora Sartre tenha enfatizado o peso de nossa liberdade, ele também apontou que essa liberdade é uma oportunidade de transcendência. No contexto do ego, isso significa que, embora sejamos influenciados pelo olhar dos outros, podemos escolher como reagir a ele. Em negociações, essa transcendência se manifesta como a capacidade de controlar o ego, usando-o como ferramenta estratégica em vez de deixá-lo dominar a interação.

O ego pode ser um poderoso aliado quando usado conscientemente. Ele fornece a confiança necessária para enfrentar situações desafiadoras e a determinação para manter posições firmes quando necessário.

Antes de entrar em uma negociação, reflita sobre qual imagem você deseja projetar e como essa imagem pode servir ao objetivo final. Use o ego para construir confiança, mas evite deixar que ele dite suas reações emocionais.

O estoicismo, com sua ênfase no controle das reações emocionais, oferece uma abordagem prática para neutralizar os impulsos do ego. Reconheça que críticas ou desafios não são ataques pessoais, mas parte do processo de negociação.

Diante de uma objeção direta – "Sua proposta é impraticável" – o negociador estoico responde com calma: "Compreendo sua preocupação. Vamos explorar como podemos ajustar isso." Ele preserva sua autoridade sem deixar que o ego transforme a objeção em um confronto.

Quando o ego assume o controle, ele transforma negociações em campos de batalha emocionais. Em vez de buscar soluções, o foco passa a ser "vencer" o outro lado, muitas vezes à custa do objetivo final.

O desejo de provar superioridade é um dos maiores sabotadores de negociações. Esse comportamento leva a disputas desnecessárias, onde o negociador insiste em argumentos ou posições apenas para reafirmar seu valor.

Em uma disputa contratual, um gerente insiste em cláusulas desnecessárias apenas para mostrar autoridade. O outro lado, sentindo-se desrespeitado, abandona a negociação.

Quando o ego se sente ameaçado, ele responde com resistência ou reatividade. Essa postura defensiva cria barreiras que dificultam o diálogo e a colaboração.

Diante de uma crítica sobre prazos, um líder responde com agressividade: "Você não entende o esforço necessário para cumprir isso." Esse tom não apenas prejudica a relação, mas também fecha portas para soluções criativas.

## Como Superar a Prisão do Ego

Superar a armadilha do ego exige autoconsciência, prática e ferramentas estratégicas que permitam equilibrar a necessidade de validação com os objetivos práticos da negociação.

### 1. Reconheça os Gatilhos do Seu Ego

Identifique situações que despertam reações emocionais intensas, como críticas, rejeições ou desafios à sua autoridade. Estar ciente desses gatilhos é o primeiro passo para neutralizá-los.

### 2. Redefina Sucesso

Em vez de ver a negociação como uma disputa para provar valor, reframe sua mentalidade para enxergá-la como um processo colaborativo.

**Dica Prática:**

Pergunte a si mesmo: "Essa decisão me aproxima ou me afasta do meu objetivo?" Use essa pergunta como bússola para guiar suas ações.

### 3. Pratique a Humildade Estratégica

Humildade não significa ceder constantemente, mas reconhecer que a flexibilidade pode ser uma ferramenta poderosa.

**Na Prática:** Dizer "Vamos revisar essa proposta juntos para encontrar um equilíbrio" demonstra segurança e disposição para colaborar, sem comprometer sua posição.

***

Sartre nos ensina que o ego, embora moldado pelo olhar do outro, não é uma prisão inevitável. Ele é uma escolha. Nas negociações, essa escolha se manifesta como a capacidade de usar o ego para projetar confiança e autoridade, sem permitir que ele se torne um tirano que sabota objetivos.

No final, o verdadeiro mestre da negociação não é aquele que elimina o ego, mas aquele que o compreende e o controla. Porque, como Sartre dizia, "o homem não é nada além do que faz de si mesmo" – e, no tabuleiro das negociações, isso significa transformar o ego em uma ferramenta estratégica de liberdade e sucesso.

A armadilha do ego ocorre quando o desejo de proteger ou inflar a própria imagem se sobrepõe aos objetivos racionais. Em vez de agir com clareza e propósito, o negociador enreda-se em disputas inúteis, defende pontos irrelevantes e transforma o processo em uma batalha pessoal. A negociação, que deveria ser sobre troca e solução, torna-se um duelo de vaidades.

O ego é particularmente perigoso em situações de alta pressão ou conflito, onde ele instiga reações emocionais exageradas. O negociador, em vez de buscar equilíbrio, torna-se refém de sua própria necessidade de estar certo ou de "vencer."

Um executivo, ofendido por uma objeção trivial, decide rejeitar uma proposta promissora apenas para afirmar sua autoridade. O resultado? Uma oportunidade perdida por puro orgulho.

Carl Jung descrevia o ego como uma construção necessária, mas limitada. Ele é o reflexo da consciência, mas também o guardião de nossas inseguranças. Quando ameaçado, ele reage de forma defensiva, frequentemente contra-atacando ou se fechando. Em uma negociação, essas reações podem ser fatais.

Reconhecer as manifestações do ego é o primeiro passo para neutralizar seus efeitos. Elas podem ser sutis, mas os sinais estão sempre presentes.

### 1. A Necessidade de Ter Razão

O negociador preso à armadilha do ego sente-se compelido a ganhar cada argumento, mesmo à custa do objetivo maior.

**Exemplo:**
Ao invés de ouvir uma proposta do outro lado, ele interrompe repetidamente para corrigir "erros" irrelevantes, minando a construção de confiança.

## 2. O Medo de Parecer Fraco

O ego, em sua fragilidade, confunde flexibilidade com fraqueza. O negociador recusa-se a fazer concessões razoáveis, temendo que isso prejudique sua imagem.

**Exemplo:**
Uma líder em uma negociação de contrato insiste em condições inviáveis, mesmo sabendo que são desnecessárias, apenas para evitar parecer que está cedendo.

## 3. O Desejo de Validar o Status

A busca por validação externa leva o negociador a focar mais em impressionar do que em negociar.

**Exemplo:**
Um gerente, em vez de focar na proposta, gasta mais tempo exibindo seus resultados passados, desviando o foco do diálogo.

## O Estoicismo Contra a Armadilha do Ego

O estoicismo, filosofia praticada por pensadores como Marco Aurélio, ensina que o verdadeiro poder está em controlar nossas reações, não em controlar os outros. Esse princípio é a antítese da armadilha do ego e uma ferramenta poderosa para qualquer negociador.

## 1. A Arte de Não Reagir

Os estoicos enfatizavam a importância de pausar antes de reagir. Essa pausa permite que o negociador processe a situação racionalmente, em vez de responder emocionalmente.

**Prática Estoica:** Diante de uma provocação, pergunte-se: "Essa reação me aproxima ou me afasta do meu objetivo final?"

## 2. O Foco no Controle Interno

O ego busca controlar o ambiente externo; o estoicismo ensina a focar no que está sob seu controle – suas palavras, ações e atitudes.

**Dica Prática:** Quando confrontado com um desafio inesperado, mantenha a calma e lembre-se: "Não controlo a ação do outro, mas controlo minha resposta."

### Superando o Ego: Ferramentas e Estratégias

Neutralizar a armadilha do ego requer prática, autoconsciência e um arsenal de ferramentas estratégicas.

### 1. Reconheça os Gatilhos

Identifique situações ou palavras que despertam reações emocionais em você. Esses são os "gatilhos do ego."

**Exemplo:**
Se críticas diretas o deixam na defensiva, esteja preparado para reconhecê-las sem internalizá-las.

### 2. Redefina o Conceito de Vitória

Vitória não é "ganhar do outro lado." É alcançar um resultado mutuamente satisfatório. Reframe sua mentalidade para ver concessões como estratégias, não derrotas.

**Exemplo:**
Conceder um desconto em uma negociação pode parecer ceder, mas, se isso garantir um contrato maior, é uma vitória estratégica.

### 3. Use Perguntas, Não Declarações

Perguntas desarmam o ego, tanto o seu quanto o do outro lado, criando um diálogo colaborativo em vez de um confronto.

**Na Prática:** "Como podemos ajustar essa proposta para atender às suas necessidades?" é muito mais eficaz do que "Esta é a melhor solução."

## Cases

### O Diplomata Estoico

Durante uma negociação internacional, um diplomata foi provocado repetidamente por seu oponente, que buscava minar sua paciência. Em vez de reagir, ele permaneceu calmo, repetindo: "Entendo sua posição. Podemos explorar soluções juntos?" Sua tranquilidade não apenas desarmou o outro lado, mas também garantiu um acordo favorável.

### O Vendedor Orgulhoso

Um vendedor experiente recusou-se a negociar um desconto com um cliente-chave, sentindo que isso "diminuiria seu valor." O cliente, insatisfeito, procurou outra empresa. O vendedor perdeu a venda e, com ela, sua comissão.

***

O ego não desaparece, mas pode ser treinado. Transformar o ego em um aliado, em vez de um inimigo, é um processo contínuo.

### 1. Pratique a Humildade

Humildade não é se diminuir, mas reconhecer que todos têm algo a ensinar. Aborde cada negociação como uma oportunidade de aprendizado.

### 2. Busque Feedback

Peça a colegas ou mentores que avaliem suas interações. O feedback construtivo é uma maneira eficaz de identificar comportamentos impulsionados pelo ego.

### 3. Desenvolva o Hábito da Reflexão

Após cada negociação, pergunte-se: "Meu ego me ajudou ou me prejudicou aqui? O que posso melhorar?"

A armadilha do ego é uma força sutil, mas poderosa. Ela pode arruinar até mesmo a negociação mais promissora se não for mantida sob controle. O verdadeiro mestre da negociação é aquele que lidera com clareza e propósito, deixando o orgulho de lado para priorizar resultados.

No fim, superar o ego não é apenas uma questão de estratégia; é uma questão de caráter. Porque, no tabuleiro das negociações, não vence quem tem o ego maior, mas quem tem a capacidade de enxergar além dele.

# Capítulo 17
# A Influência do Ambiente

A negociação não acontece no vácuo; ela é moldada pelo ambiente em que se desenrola. Assim como o palco define o impacto de uma peça teatral, o espaço físico, o contexto emocional e até os detalhes aparentemente insignificantes de uma reunião podem alterar drasticamente o resultado de uma negociação. Saber ler e manipular o ambiente é uma habilidade essencial para o negociador estratégico.

O ambiente é mais do que cenário; ele é um participante ativo. Ele influencia humores, percepções e até mesmo a dinâmica de poder. Desde a escolha do local até a disposição dos móveis, cada detalhe comunica algo, mesmo que de forma subconsciente.

A psicogeografia, campo que estuda como os espaços afetam o comportamento humano, revela que a arquitetura, a iluminação e até as cores de um ambiente podem impactar a forma como nos sentimos e agimos. Em negociações, esses fatores podem ser usados para criar conforto, urgência ou intimidação.

Um negociador escolhe uma sala com cadeiras confortáveis e iluminação suave para uma conversa colaborativa, mas utiliza uma sala minimalista e fria para reuniões onde deseja estabelecer autoridade.

**Como o Ambiente Altera a Percepção**

**1. A Configuração do Espaço**

A disposição dos móveis pode sugerir cooperação ou confronto. Mesas redondas, por exemplo, promovem igualdade, enquanto mesas retangulares com um lado ocupado exclusivamente por uma pessoa sugerem domínio.

Se deseja criar um ambiente colaborativo, escolha um espaço onde todos estejam no mesmo nível físico e visual. Se busca impor autoridade, posicione-se de forma central ou elevada.

**2. A Escolha do Local**

O local onde a negociação ocorre pode alterar a dinâmica de poder. Uma reunião na "casa" de uma das partes naturalmente confere vantagem à anfitriã, enquanto um terreno neutro nivela o campo de jogo.

Se a negociação ocorre no espaço do outro lado, chegue cedo para se familiarizar com o ambiente e reduzir sua vulnerabilidade.

**O Ambiente e o Estado Emocional**

Além do espaço físico, o ambiente emocional é crucial. Tons de voz, linguagem corporal e até pequenos gestos podem moldar a atmosfera de uma negociação.

**1. Clima de Confiança**

Criar um clima de confiança requer mais do que palavras. Pequenos detalhes, como oferecer café ou começar com uma conversa casual, ajudam a relaxar o ambiente e criar uma conexão inicial.

**Exemplo:**
Um negociador inicia uma reunião com um comentário amigável sobre um item pessoal do outro lado, como um troféu ou foto no escritório, reduzindo a tensão inicial.

**2. Clima de Pressão**

Se a estratégia exigir urgência, o ambiente pode ser ajustado para reforçar essa sensação. Reuniões rápidas, com prazos destacados, criam uma atmosfera de decisão imediata.

**Na Prática:** Dizer "Temos apenas 30 minutos para esta discussão, então vamos ao ponto principal" coloca o foco na resolução, aumentando a pressão para avançar rapidamente.

***

O negociador estratégico entende que o ambiente pode ser moldado para reforçar sua mensagem ou posicionamento.

### 1. O Uso da Simplicidade

Espaços minimalistas ajudam a manter o foco na negociação, eliminando distrações. Essa abordagem é útil em discussões técnicas ou contratuais.

**Exemplo:**
Uma sala de reuniões com uma mesa limpa e sem objetos decorativos mantém a atenção no documento ou proposta em questão.

### 2. A Importância dos Detalhes

Pequenos ajustes, como a temperatura da sala, a qualidade do café ou a disposição dos materiais, criam uma impressão subliminar de cuidado e preparo.

**Dica Estratégica:** Evite ambientes muito frios ou quentes, pois o desconforto físico pode levar a impaciência e decisões apressadas.

***

### A Teoria do Espaço Pessoal

Segundo estudos de Edward Hall, a proximidade física afeta a maneira como as pessoas percebem intimidade e controle. Em negociações, ajustar a distância entre as partes pode alterar a dinâmica emocional.

**Na Prática:** Uma aproximação física sutil pode transmitir empatia, enquanto manter distância reforça formalidade e respeito.

### A Ilusão de Controle

Pequenos detalhes no ambiente podem criar a sensação de controle no outro lado, mesmo que você esteja ditando os termos. Isso gera uma sensação de reciprocidade e reduz resistências.

**Exemplo:** Permitir que o outro lado escolha onde sentar-se dá a impressão de controle, enquanto você mantém o domínio estratégico da conversa.

**Cases**

Um advogado experiente sempre conduzia negociações em uma sala onde sua cadeira era ligeiramente mais alta que as dos outros participantes. Essa diferença sutil criava uma percepção de autoridade sem ser explícita.

Um empreendedor, ao negociar com investidores, escolheu um café descontraído ao invés de uma sala de reuniões. A escolha do ambiente reforçou sua imagem como inovador e acessível, alinhando-se à proposta de sua startup.

***

Nem sempre você terá controle total sobre o ambiente. Nesses casos, a adaptação é essencial.

**Estratégias de Adaptação**

1. **Leitura do Espaço:**

    Identifique elementos no ambiente que possam ser usados a seu favor, como uma cadeira próxima à janela para parecer mais confiante.

2. **Neutralização de Elementos Negativos:**

    Se o ambiente parecer intimidante, crie microambientes favoráveis, como organizar seus materiais de forma a demonstrar controle.

3. **Uso de Ritmo e Pausa:**
    Ajuste o ritmo da conversa para compensar um ambiente desconfortável. Pausas estratégicas ajudam a recuperar o controle emocional.

O ambiente não é neutro; ele é uma força invisível que molda percepções e resultados. Saber como ajustá-lo, manipulá-lo ou adaptá-lo é uma das habilidades mais subestimadas – e poderosas – de um negociador.

No jogo das negociações, quem controla o ambiente controla o tom, as emoções e, frequentemente, o desfecho. Porque, no fim, o espaço onde a negociação acontece não é apenas um lugar; é uma extensão da estratégia.

## A Ambientação não física: Moldando o invisível para vencer

Nem toda ambientação é feita de paredes, cadeiras ou iluminação. O ambiente não físico, composto pelas emoções, expectativas e percepções das partes envolvidas, é tão – ou mais – importante que o cenário físico em si. Ele é o campo onde as dinâmicas da negociação realmente acontecem, moldando decisões, comportamentos e, sobretudo, os resultados. Saber como criar e ajustar essa atmosfera emocional é uma habilidade fundamental para qualquer negociador estratégico.

O ambiente não físico é como um campo magnético invisível que influencia cada troca de palavras e olhares. Ele não pode ser visto, mas é constantemente sentido. Assim como um cliente pode entrar em um restaurante e sentir-se imediatamente confortável ou desconfortável, as pessoas em uma negociação são influenciadas pelas emoções e pela energia projetada no ambiente. Essa atmosfera emocional é tão poderosa que pode determinar o tom de toda a interação – positiva ou negativamente.

As emoções são contagiantes. O humor de uma pessoa pode definir o clima de toda a interação. Um cliente que teve um dia ruim, por exemplo, entra em uma negociação já predisposto a ser mais crítico ou menos receptivo. Ignorar esse ambiente emocional é um erro comum que pode transformar um "talvez" em um "não" definitivo.

**Exemplo Prático:**

Imagine que você está negociando com um cliente que, ao chegar, parece visivelmente irritado. Sua reação imediata pode ser pressioná-lo ou tentar resolver o problema rapidamente. No entanto, isso só intensifica o desconforto. Em vez disso, reconhecer o ambiente emocional e agir para suavizá-lo – talvez com uma pausa para um café ou uma conversa casual – cria uma atmosfera mais receptiva.

**Timing**

Assim como um maestro conduz sua orquestra respeitando o tempo de cada nota, o negociador precisa ajustar o timing para moldar o ambiente emocional de forma eficaz. O momento certo para avançar, recuar ou simplesmente esperar pode ser a diferença entre fechar um acordo e perdê-lo.

O "não" de um cliente muitas vezes não reflete uma rejeição absoluta, mas sim o estado emocional e o ambiente do momento. O timing errado – como pressionar alguém que está estressado ou apressado – cria uma resistência natural. A boa notícia é que o timing pode ser construído.

**Estratégia:**
Se o cliente rejeitar uma proposta, avalie o ambiente emocional em vez de reagir imediatamente. Pergunte a si mesmo: "Este 'não' reflete a proposta em si ou o momento em que ela foi feita?" Muitas vezes, a resposta estará no segundo caso.

**Construindo a Atmosfera Ideal**

Criar uma ambientação não física ideal exige sensibilidade, paciência e estratégias que vão além das palavras. Aqui estão as principais formas de moldar a atmosfera de uma negociação:

## 1. O Poder da Pausa

A pausa não é apenas uma interrupção; ela é uma ferramenta poderosa para ajustar o ritmo emocional. Em um momento de tensão ou resistência, a pausa oferece espaço para que o interlocutor processe informações e recupere o equilíbrio.

**Exemplo Prático:** Se o cliente demonstrar hesitação, pare por um momento. Respire fundo, mantenha uma postura relaxada e permita que o silêncio trabalhe a seu favor. Muitas vezes, o outro lado preencherá o vazio com insights ou reconsiderações.

## 2. A Linguagem Positiva

As palavras têm poder não apenas pelo que comunicam, mas também pela atmosfera que criam. Usar uma linguagem positiva, mesmo ao tratar de objeções, ajuda a suavizar o ambiente e a manter o diálogo aberto.

**Na Prática:** Substitua frases como "Não podemos fazer isso" por "Vamos explorar alternativas que possam funcionar para ambos." Essa mudança sutil transforma um bloqueio em uma oportunidade de colaboração.

## 3. A Conexão Humana

Criar uma conexão emocional é uma forma poderosa de moldar o ambiente. Perguntas pessoais, elogios sinceros e empatia genuína ajudam a criar uma atmosfera de confiança e abertura.

**Estratégia:**
Ao perceber que o cliente está distante ou fechado, desvie a conversa para um tema pessoal ou casual. Um simples "Como foi seu fim de semana?" pode desarmar tensões e reconfigurar o ambiente emocional.

Nem sempre será possível controlar todas as variáveis do ambiente emocional, mas há maneiras de reverter situações desfavoráveis. O segredo está em reconhecer os sinais e ajustar sua abordagem com rapidez e eficácia.

## 1. Identifique o Ambiente Negativo

Preste atenção aos sinais sutis: tom de voz tenso, linguagem corporal defensiva ou respostas curtas. Esses comportamentos indicam um ambiente emocional negativo que precisa ser desarmado.

## 2. Adie, Se Necessário

Se o ambiente for excessivamente hostil, o melhor movimento pode ser adiar a negociação para um momento mais favorável.

**Exemplo:**
"Percebo que este não é o melhor momento. Que tal retomarmos esta conversa amanhã, com mais calma?" Essa abordagem demonstra respeito e permite que o outro lado recupere o equilíbrio.

## 3. Recrie a Atmosfera

Mesmo em situações adversas, é possível recriar o ambiente emocional. Use gestos simples, como oferecer algo para beber ou mudar o tom da conversa, para redefinir o clima.

## O Caso do Cliente Estressado

Um vendedor experiente percebeu que seu cliente, ao entrar na reunião, estava visivelmente estressado. Em vez de começar com a proposta, o vendedor iniciou a conversa perguntando sobre a família do cliente, mudando o foco para algo mais leve. Após alguns minutos, o cliente relaxou e se mostrou muito mais receptivo à proposta.

## O Poder do Feedback Positivo

Em uma negociação tensa, um mediador usou elogios para suavizar o ambiente: "Aprecio sua preocupação com os detalhes – isso demonstra o quanto você valoriza essa parceria." Esse simples comentário desarmou a tensão e trouxe o outro lado para uma posição mais colaborativa.

***

A ambientação não física não é estática; ela precisa ser ajustada continuamente ao longo da negociação. Estar atento às mudanças sutis no tom e na energia emocional permite que você mantenha o controle.

### 1. Avalie Constantemente

Reflita durante a negociação: o ambiente está favorável ou desfavorável? Ajuste sua abordagem com base nessa avaliação.

### 2. Introduza Momentos de Leveza

Humor, histórias ou pausas casuais ajudam a aliviar a tensão e a reconfigurar o ambiente quando necessário.

**Exemplo:**
Compartilhar uma anedota breve e relevante pode quebrar o gelo e criar um clima mais relaxado.

### 3. Encerre com um Tom Positivo

Independentemente do resultado, certifique-se de que o ambiente emocional no final da negociação seja positivo. Isso fortalece o relacionamento e mantém a porta aberta para futuras conversas.

O ambiente não físico é a força silenciosa que molda cada palavra e decisão em uma negociação. Saber como ajustá-lo, reconstruí-lo e utilizá-lo estrategicamente é uma das habilidades mais poderosas que um negociador pode dominar.

A boa notícia é que o ambiente emocional, ao contrário do físico, é totalmente moldável. Com paciência, sensibilidade e as ferramentas certas, você pode transformar até mesmo o "não" mais definitivo em um "sim" promissor, simplesmente criando o momento e a atmosfera ideais para que isso aconteça. Porque, no final, o verdadeiro mestre da negociação não apenas fala; ele cria o cenário invisível onde a vitória é inevitável.

# Capítulo 18
# A Psicologia das Concessões

Negociar é, essencialmente, a arte de ceder e receber. As concessões não são apenas gestos de generosidade, mas também movimentos estratégicos que moldam o ritmo e o resultado de uma negociação. No entanto, ceder sem estratégia pode ser tão perigoso quanto recusar tudo. A chave está no equilíbrio: entender quando, como e por que ceder, para que cada concessão funcione a seu favor.

As concessões, quando bem executadas, tocam algo profundo na natureza humana: o senso de reciprocidade. O psicólogo Robert Cialdini, em seu estudo sobre persuasão, destacou que as pessoas se sentem naturalmente inclinadas a retribuir gestos de generosidade, mesmo que esses gestos tenham sido calculados. Isso faz das concessões uma ferramenta poderosa, mas também perigosa, se não forem utilizadas com precisão.

Quando alguém recebe uma concessão, o cérebro interpreta isso como um ganho. Esse "presente" ativa a gratidão e a necessidade de equilibrar a balança. No entanto, o efeito é amplificado quando a concessão parece difícil ou valiosa para quem a oferece.

Um vendedor, ao perceber a hesitação do cliente, diz: "Entendo sua preocupação. Posso ajustar o prazo de entrega sem custo adicional." O cliente vê isso como um gesto generoso, o que aumenta a propensão de fechar o acordo.

Conceder não é simplesmente abrir mão; é moldar a percepção e o comportamento do outro lado. Cada concessão deve ser intencional, bem posicionada e planejada para obter algo em troca.

## 1. Ceder em Posições Menores

Conceder em áreas de pouco impacto para você, mas de alto valor percebido pelo outro lado, é uma estratégia clássica. Isso cria uma impressão de colaboração sem prejudicar seus interesses principais.

**Exemplo:**
Ao negociar um contrato, você oferece um pequeno desconto no pagamento inicial, mas mantém as condições do restante do acordo. O cliente sente que ganhou algo significativo, enquanto sua margem de lucro permanece intacta.

## 2. Concessões Condicionais

Nunca conceda sem pedir algo em troca. Concessões condicionais demonstram que você valoriza o que oferece e que cada movimento na negociação deve ser equilibrado.

**Dica Estratégica:**

Use frases como: "Posso ajustar esse ponto, mas em troca precisamos revisar as condições de entrega." Isso reforça a reciprocidade e protege sua posição.

## 3. A Concessão Calculada

Uma concessão calculada é aquela que você já planejou oferecer antes mesmo de entrar na negociação. Essa abordagem garante que você pareça generoso, enquanto mantém o controle sobre o resultado.

**Exemplo Prático:**

Um negociador já planeja incluir um período de suporte técnico estendido gratuitamente. Quando a negociação entra em impasse, ele oferece essa "concessão" como solução, parecendo flexível sem realmente ceder algo não planejado.

**A psicologia por trás do equilíbrio**

A primeira concessão é como um aperto de mão inicial: ela define o tom da negociação. Se você cede cedo demais ou sem propósito, envia a mensagem de que sua posição é fraca ou negociável.

**Estratégia:**
Reserve a primeira concessão para um momento estratégico, quando ela terá o máximo impacto, como após o outro lado demonstrar interesse ou hesitação.

**A Lei do Esforço Percebido**

Quanto mais difícil parecer uma concessão, maior será seu valor percebido. Isso significa que, mesmo que uma concessão seja fácil para você, ela deve ser apresentada como algo significativo.

**Exemplo:**
"Conseguir aprovar essa condição internamente será desafiador, mas acredito que podemos viabilizar, se isso for essencial para você." Esse tipo de frase aumenta a percepção de valor da concessão.

Embora as concessões sejam importantes, saber quando não ceder é igualmente essencial. Há momentos em que ceder enfraquece sua posição, cria expectativas irreais ou compromete seus objetivos.

Antes de entrar em uma negociação, defina claramente quais pontos são não negociáveis. Ter esses limites evita concessões impulsivas ou prejudiciais.

**Exemplo Prático:** "Esse ponto é crucial para nossa operação. Podemos ajustar outros detalhes, mas precisamos manter essa condição específica."

**Diga "não" com elegância**

Negar uma concessão não precisa criar conflito. Comunique sua recusa de forma que pareça razoável e cooperativa.

**Dica de Comunicação:** "Eu adoraria atender essa solicitação, mas, infelizmente, há fatores que nos impedem. No entanto, estou disposto a trabalhar em alternativas que possam atender a ambos."

Assim como o ambiente, o timing desempenha um papel crucial nas concessões. O momento em que você cede pode amplificar ou reduzir o impacto da sua oferta.

### Concessões Tardias

Ceder no final de uma negociação cria a sensação de que o outro lado venceu, deixando-o mais satisfeito com o resultado.

### Exemplo:
Em um contrato, você oferece um bônus de última hora, como um treinamento adicional, após todos os outros pontos terem sido acordados. Isso reforça o fechamento com um tom positivo.

### Evite Concessões Precipitadas

Ceder muito cedo pode criar expectativas de que mais concessões virão. Equilibre o tempo, esperando o momento certo para maximizar o valor percebido.

Conceder demais pode enfraquecer sua posição e diminuir o valor percebido da negociação. Cada concessão deve ser medida e intencional.

Se o outro lado perceber que você está desesperado para fechar o acordo, suas concessões serão vistas como inevitáveis, não como gestos de boa vontade.

**Dica Estratégica:** Projete confiança mesmo ao conceder: "Estamos oferecendo essa condição porque acreditamos no valor da nossa parceria, não porque ela seja comum."

### O Concessor Estratégico

Em uma negociação de software, um vendedor sabia que o cliente queria treinamento adicional. Ele manteve essa concessão planejada até o final, quando o cliente hesitou sobre o preço.

Oferecendo o treinamento como um bônus, garantiu o fechamento do contrato sem alterar o preço original.

**O Negociador Firme**

Um empreendedor recusou um pedido de desconto adicional dizendo: "Entendo sua solicitação, mas nossos preços refletem o valor do que oferecemos. No entanto, podemos incluir uma garantia estendida para mostrar nossa confiança no produto." O cliente aceitou, sentindo que recebeu algo valioso sem comprometer a margem do empreendedor.

***

A psicologia das concessões não é apenas sobre ceder; é sobre como, quando e por que fazê-lo. Cada concessão deve ser planejada, estrategicamente posicionada e apresentada de forma que maximize seu impacto e preserve sua posição.

No fim, a verdadeira maestria está em transformar cada concessão em um movimento de fortalecimento. Porque no jogo das negociações, as concessões bem feitas não são perdas – elas são investimentos que moldam o resultado e garantem que você saia da mesa mais forte do que entrou.

**A Técnica "Mea Culpa"**

No jogo das negociações, nem sempre o caminho para o "sim" é linear. Negativas, silêncios e objeções são partes inevitáveis do processo, mas o que diferencia o vendedor comum do estrategista é a capacidade de transformar um "não" em uma oportunidade de reconexão. A técnica **"Mea Culpa"** é um exemplo brilhante de como a humildade estratégica e o uso habilidoso da psicologia podem reabrir portas e, frequentemente, virar o jogo a favor do negociador.

A técnica "Mea Culpa" funciona porque ela toca em duas áreas-chave da psicologia humana: a reciprocidade e a empatia. Ao adotar uma postura humilde e de autorreflexão, o vendedor desarma a resistência do cliente, criando um ambiente onde ele se sente no controle da situação, mas também envolvido emocionalmente.

O princípio da reciprocidade, amplamente estudado pelo psicólogo Robert Cialdini, afirma que as pessoas têm uma tendência natural de querer retribuir gestos de generosidade. Ao pedir desculpas e buscar feedback de maneira genuína, o vendedor desencadeia essa resposta subconsciente no cliente.

**Exemplo Psicológico:**

Quando o vendedor diz: "Gostaria de pedir sua ajuda para entender onde errei," ele transforma o cliente de oponente em colaborador. Isso cria uma sensação de responsabilidade no cliente, motivando-o a responder.

**A Empatia como Chave**

A técnica também explora a empatia, colocando o vendedor em uma posição vulnerável que ressoa com o lado emocional do cliente. Essa abordagem reduz a tensão e permite que o cliente veja o vendedor como humano, e não como alguém apenas interessado em vender.

**Impacto Emocional:**

Ao demonstrar humildade, o vendedor rompe barreiras emocionais, tornando o cliente mais receptivo ao diálogo.

**Por Que Ceder é Estratégico?**

Ceder, no contexto da técnica "Mea Culpa," não significa desistir, mas sim ajustar a abordagem para retomar o controle da narrativa. Esse ato estratégico tem múltiplos benefícios.

**1. Redefinição de Percepções**

Quando o cliente recebe uma mensagem despretensiosa e humilde após uma negativa, ele reconsidera sua percepção inicial do vendedor. O ato de ceder demonstra maturidade e disposição para melhorar, qualidades que frequentemente conquistam respeito.

**Na Prática:**

"Não sei o que fiz, mas quero pedir desculpas" mostra ao cliente que o vendedor está disposto a admitir erros, algo que é raro e, por isso, notável.

## 2. Recuperação do Controle Emocional

Ao agradecer e encerrar a interação inicialmente, o vendedor remove a "atmosfera da venda," que pode ser percebida como pressão. No dia seguinte, ao retomar o contato de forma despretensiosa, ele reintroduz o diálogo em um ambiente emocional mais leve e favorável.

## 3. Transformação do Cliente em Aliado

Ao solicitar feedback, o vendedor envolve o cliente no processo de melhoria. Isso não apenas reduz a resistência, mas também cria um senso de colaboração, tornando o cliente mais inclinado a reconsiderar.

**Exemplo Psicológico:**

Pedir a opinião de alguém ativa o viés de importância pessoal. O cliente sente que sua perspectiva é valorizada, o que aumenta a chance de engajamento.

## Como Aplicar a Técnica "Mea Culpa"

### Passo 1: Aceitação da Negativa

Após a rejeição inicial, agradeça educadamente e encerre a conversa com desejos de sucesso. Isso remove qualquer sensação de confronto ou insistência.

### Passo 2: Pausa Estratégica

Dê tempo para que o cliente se distancie da pressão da venda. Isso cria espaço emocional para que ele reavalie a interação sem sentir-se coagido.

**Passo 3: A Mensagem de Reaproximação**

No dia seguinte, envie uma mensagem despretensiosa, como no exemplo abaixo:

*"Bom dia! Não sei o que fiz, mas quero pedir desculpas. Desde o nosso último contato, você pediu que eu retornasse, porém não consegui mais falar. Isso me fez pensar que devo ter feito algo errado. Eu sou bem analítica com meu próprio atendimento, então gostaria de pedir sua ajuda para não cometer mais essa falha. Poderia me informar onde errei? Dessa forma, irá contribuir para o meu crescimento e ainda irá colaborar para que outras pessoas não passem pela mesma situação. Posso contar com sua ajuda?"*

**Passo 4: Acompanhe com Atenção**

Quando o cliente responder, escute atentamente e reconheça suas observações. Use a oportunidade para reestabelecer a confiança e reintroduzir a possibilidade de uma solução.

**Por Que a Técnica Funciona?**

Demonstrar vulnerabilidade é contraintuitivo para muitos negociadores, mas é incrivelmente eficaz. Quando o vendedor admite falhas, ele se conecta com o lado humano do cliente, criando um terreno comum.

A técnica dá ao cliente a impressão de que ele está no controle, enquanto, na verdade, o vendedor está guiando a interação de forma estratégica.

A pausa entre o "não" e a mensagem de reaproximação permite que o cliente se distancie das emoções negativas associadas à rejeição inicial.

## O Consultor de Serviços

Um consultor de serviços recebeu uma negativa após apresentar sua proposta. No dia seguinte, ele enviou uma mensagem "Mea Culpa," pedindo desculpas e solicitando feedback. O cliente respondeu, explicando suas objeções. Durante a conversa, o consultor ajustou sua proposta e fechou o contrato.

## A Vendedora de Franquias

Uma vendedora de franquias recebeu silêncio após uma apresentação inicial. Usando a técnica "Mea Culpa," ela reabriu o diálogo com uma mensagem humilde. O cliente, sentindo-se valorizado, reconsiderou a proposta e acabou avançando para uma reunião final.

Embora poderosa, a técnica "Mea Culpa" não é universal. Ela funciona melhor em situações onde houve interação prévia e o cliente demonstrou algum nível de interesse. Se a rejeição foi categórica e definitiva, a abordagem pode ser vista como insistente.

**Evite Usar Quando:**

- O cliente deixou claro que não há interesse.
- A rejeição foi acompanhada de justificativas contundentes.

**Potenciais riscos e como mitigá-los**

### 1. A Percepção de Insistência

Se mal executada, a técnica pode ser interpretada como uma forma disfarçada de pressão. Para evitar isso, mantenha o tom genuíno e despretensioso.

### 2. A Falta de Resposta

Nem todos os clientes responderão à mensagem. Isso não significa que a técnica falhou; significa apenas que a reaproximação não foi suficiente naquele momento.

**Estratégia:**
Se não houver resposta, deixe o cliente em paz por um período. Retome o contato com uma abordagem diferente no futuro.

A técnica "Mea Culpa" é um exemplo brilhante de como a humildade pode ser usada como uma ferramenta estratégica. Em vez de insistir ou pressionar, ela cria uma ponte emocional que reabre o diálogo em termos mais favoráveis.

No mundo das negociações, ceder não é fraqueza; é inteligência. Reconhecer falhas, pedir feedback e buscar melhorias não apenas desarmam objeções, mas também criam um ambiente de colaboração onde a resistência dá lugar à receptividade. Afinal, no jogo das vendas, quem controla a atmosfera emocional controla o resultado. E a técnica "Mea Culpa" é a prova de que, às vezes, admitir um erro é o primeiro passo para transformar um "não" em um "sim."

# Capítulo 19
# O labirinto das emoções

Negociar é mais do que uma troca de ideias ou propostas; é navegar por um terreno emocional complexo. O sucesso não depende apenas de argumentos racionais, mas também da capacidade de controlar suas emoções e interpretar as do outro lado. Esse território é o que chamamos de **labirinto das emoções**, onde cada decisão, hesitação e reação é moldada por sentimentos muitas vezes invisíveis, mas incrivelmente poderosos.

As emoções são forças invisíveis que moldam nossas interações. Mesmo quando não são verbalizadas, elas exercem um papel central em como ouvimos, respondemos e tomamos decisões. Durante negociações, sentimentos como confiança, medo, raiva ou entusiasmo têm o poder de fortalecer ou enfraquecer uma posição, influenciando diretamente o resultado final.

No coração do cérebro humano está o sistema límbico, uma rede de estruturas cerebrais profundamente enraizadas, responsáveis por processar emoções e regular comportamentos. Esta área primitiva, muitas vezes referida como o "cérebro emocional," é o mecanismo que nos conecta às reações instintivas e imediatas, como confiança ou aversão, que podem surgir durante uma negociação.

O sistema límbico funciona como um radar, avaliando continuamente estímulos como ameaças ou recompensas. Ao identificar algo que pareça ameaçador, ele ativa uma resposta de "luta ou fuga," preparando o corpo para enfrentar ou evitar o perigo percebido. Por outro lado, quando detecta sinais de segurança ou colaboração, o sistema límbico desencadeia uma sensação de relaxamento e abertura, incentivando comportamentos mais receptivos e cooperativos.

Durante uma negociação, o sistema límbico age como um maestro silencioso, conduzindo reações que podem definir o tom da interação. É importante entender que essas respostas emocionais, embora automáticas, podem ser moldadas pelo comportamento e pela abordagem do negociador.

Se um cliente sente que está sendo pressionado ou desrespeitado, o sistema límbico entra em alerta, desencadeando uma resposta de defesa. Isso pode se manifestar como rejeição à proposta, postura física fechada ou até mesmo uma recusa abrupta. Nessas situações, a negociação se torna mais desafiadora, pois a lógica e a razão passam a ocupar um papel secundário.

Por outro lado, quando o cliente percebe sinais de confiança, transparência e segurança, o sistema límbico ativa áreas cerebrais relacionadas à conexão e à cooperação. Uma postura receptiva, um tom de voz calmo e ações que demonstrem respeito podem incentivar o cliente a se engajar de forma mais construtiva.

**Estratégias para trabalhar com o Sistema Límbico**

1. **Crie um Ambiente Seguro:** Evite comportamentos que possam ser interpretados como ameaçadores, como interrupções ou um tom de voz elevado. Demonstre que você está interessado em colaborar, não em confrontar.

2. **Use Sinais Não Verbais Positivos:** Um sorriso genuíno, contato visual consistente e uma postura aberta ajudam a sinalizar segurança e confiança, ativando respostas positivas no sistema límbico.

3. **Reconheça e Valide Emoções:** Se o cliente expressar hesitação ou preocupação, reconheça suas emoções antes de apresentar uma solução. Isso reduz a ativação de luta ou fuga e cria um espaço para diálogo.

\*\*\*

Ao compreender como o sistema límbico molda as respostas emocionais, os negociadores ganham uma vantagem estratégica. Saber como acalmar reações defensivas e ativar sentimentos de confiança não apenas melhora a dinâmica da interação, mas também aumenta significativamente as chances de alcançar um acordo favorável. Afinal, no tabuleiro das negociações, quem controla o ambiente emocional controla o resultado.

Antes de navegar no labirinto das emoções alheias, o negociador precisa dominar o seu próprio mundo interno. O controle emocional não é apenas uma virtude; é uma estratégia essencial para manter o foco e a clareza, mesmo diante de tensões.

Ao enfrentar uma objeção ou provocação, o primeiro impulso é frequentemente emocional – e, muitas vezes, contraproducente. Pausar antes de reagir permite que o neocórtex, a parte racional do cérebro, assuma o controle, em vez do sistema límbico.

**Exemplo Prático:** Se um cliente diz: "Sua proposta é absurda," o negociador controlado responde com calma: "Compreendo sua preocupação. Vamos explorar juntos como podemos ajustá-la."

**Dica**

Além de respiração, hidratação e outras dicas que qualquer guru lhe daria, se alimente! Não de comida, mas se alimente de conteúdo. Corpo, Alma, Espírito. Conhecimento não ocupa espaço. Antes da negociação, imagine as várias possibilidades sem presumir ocorridos. A sua missão é saber as respostas às objeções antes delas virem. A falta de preparo se transforma em frustração e por conseguinte se torna ansiedade e descontrole.

**a arte de decifrar o invisível**

A leitura das emoções dos outros é uma arma poderosa no arsenal de qualquer negociador experiente. Não se trata apenas de captar expressões óbvias ou gestos superficiais, mas de penetrar no território sutil onde pequenas pistas revelam os estados emocionais mais profundos. Essa habilidade, refinada e estratégica, permite que você não apenas entenda o que a outra pessoa está sentindo, mas também manipule o ambiente para conduzi-la ao resultado desejado.

Ler as emoções de alguém é muito mais do que interpretar um sorriso ou um franzir de sobrancelhas. É um processo multidimensional que combina observação detalhada, psicologia comportamental e ajustes estratégicos no diálogo.

### 1. Microexpressões: O Relâmpago das Emoções

Microexpressões são movimentos faciais breves e involuntários que ocorrem em frações de segundo e revelam emoções genuínas. Elas escapam antes que a pessoa tenha tempo de mascará-las.

**Como Utilizar:**

- **Identifique microexpressões comuns:** Como o aperto dos lábios (desaprovação) ou o levantamento das sobrancelhas (surpresa).
- **Observe momentos críticos:** Quando uma proposta é apresentada ou uma pergunta direta é feita.

**Exemplo Prático:** Ao propor um prazo apertado, você nota um ligeiro erguer de sobrancelhas seguido por um sorriso forçado. Isso indica surpresa ou desconforto, mascarado por uma tentativa de parecer positivo. Reconhecer isso permite que você ajuste sua abordagem antes que a objeção se torne explícita.

### 2. Padrões de Comportamento: Decifrando a Base Emocional

As pessoas têm padrões emocionais e comportamentais que se repetem. Identificar esses padrões ajuda a prever reações e a decifrar estados emocionais.

**Estratégia:**

- Observe como o interlocutor responde em situações semelhantes. Ele tende a ser mais receptivo com dados concretos ou prefere argumentos emocionais?
- Use o padrão a seu favor. Se ele é sensível a detalhes, reforce sua proposta com precisão numérica.

**Ferramentas Avançadas na Leitura Emocional**

### 1. O Contexto Como Espelho

Muitas vezes, o ambiente e a situação ditam as emoções. Um negociador astuto lê o contexto para prever estados emocionais antes mesmo que se manifestem.

**Exemplo:**
Se a negociação ocorre em um ambiente tenso ou sob pressão de prazos, é provável que o interlocutor esteja predisposto à ansiedade ou defensividade. Antecipar isso permite ajustar sua abordagem para desarmar tensões antes que elas afetem o diálogo.

### 2. A Linguagem Corporal como Código

Os movimentos do corpo revelam mais do que palavras. Saber interpretar esses sinais é como aprender um novo idioma.

- **Pés inquietos:** Indicam impaciência ou desconforto.
- **Inclinação para frente:** Interesse ou envolvimento.
- **Mãos cruzadas ou escondidas:** Defesa ou hesitação.

**Dica Estratégica:** Combine sinais corporais com tom de voz e conteúdo verbal. Se os sinais não batem, a emoção real pode estar sendo mascarada.

### Leitura

A leitura emocional avançada não é apenas sobre observar, mas sobre agir com base no que você decifra. Quando você entende o que a outra pessoa sente, pode conduzir a conversa para estados emocionais mais favoráveis.

### 1. Espelhamento Emocional

Espelhar emoções cria conexão instantânea. Se o interlocutor está animado, corresponda com entusiasmo. Se está hesitante, adote um tom calmo e paciente.

**Exemplo Prático:** Ao notar ansiedade, diga: "Entendo que este é um ponto importante. Vamos revisá-lo com calma para garantir que está claro."

### 2. Desarmando a Defensiva

Se o interlocutor mostra sinais de resistência, neutralize o estado emocional com validação. Reconhecer as emoções alheias reduz a tensão e cria abertura para colaboração.

**Na Prática:** "Vejo que este ponto está causando preocupação. Vamos explorar juntos como podemos torná-lo mais confortável para você."

---

### Construindo a Sensibilidade Emocional

Ler emoções é uma habilidade que pode ser refinada com prática e atenção. Aqui estão formas de treinar sua percepção emocional:

1. **Observe em Ambientes Casuais:** Analise interações em cafeterias, reuniões ou até filmes. Note como as emoções são expressas em diferentes contextos.

2. **Teste Reações:** Experimente fazer perguntas específicas e observe como as emoções mudam. Isso ajuda a construir um banco de dados interno de respostas emocionais.

### Domine o Invisível

A leitura das emoções dos outros não é apenas uma ferramenta; é uma arma estratégica que transforma negociadores comuns em verdadeiros mestres. Quando você entende o que o outro sente, não apenas acompanha o jogo – você controla o tabuleiro. Porque, no final, o verdadeiro poder não está no que você diz, mas no que você consegue ver além das palavras.

Não basta interpretar emoções; o verdadeiro estrategista sabe como moldá-las. Criar um ambiente emocional favorável pode ser o fator decisivo entre o sucesso e o fracasso.

### 1. Crie Confiança

Confiança é a base de qualquer negociação bem-sucedida. Ela reduz a resistência e aumenta a disposição para colaborar.

**Como Construir:**

- Seja consistente em sua comunicação.
- Mostre transparência sobre intenções e limitações.
- Ofereça pequenas concessões iniciais para sinalizar boa vontade.

### 2. Desarme Tensões

Se o ambiente se tornar emocionalmente carregado, neutralize a situação antes de prosseguir.

**Estratégia:**
Use o humor ou uma pausa estratégica para aliviar a pressão. Um comentário leve e bem posicionado pode desarmar tensões sem perder o profissionalismo.

### 3. Aumente o Valor Percebido

As emoções estão ligadas à percepção de valor. Quando você destaca os benefícios emocionais de sua proposta, como segurança, status ou conveniência, o outro lado é mais propenso a aceitar.

Nem todas as emoções são úteis em uma negociação. Quando mal geridas, elas podem se transformar em armadilhas que sabotam o progresso.

### 1. O Perigo da Raiva

A raiva, embora possa parecer uma demonstração de força, frequentemente prejudica a clareza e afasta o outro lado.

**Como Evitar:** Identifique gatilhos emocionais e evite responder impulsivamente. Use frases como: "Vamos pausar um momento para refletir sobre isso."

### 2. A Ilusão do Entusiasmo

Embora o entusiasmo seja geralmente positivo, em excesso ele pode levar a promessas irreais ou a negligência de detalhes importantes.

**Dica Prática:** Equilibre entusiasmo com pragmatismo. Por exemplo: "Estou muito animado com o potencial disso, mas gostaria de revisar os detalhes antes de avançarmos."

### O Cliente Defensivo

Em uma negociação, um cliente começou com uma postura visivelmente defensiva, cruzando os braços e oferecendo respostas curtas. O vendedor, percebendo o ambiente emocional, pausou a discussão técnica e iniciou uma conversa casual sobre esportes, um interesse comum. A atmosfera relaxou, permitindo que a negociação fluísse de forma mais colaborativa.

### O Negociador Impulsivo

Um negociador perdeu um grande contrato porque reagiu com irritação a uma objeção de preço. Sua reação gerou desconfiança, encerrando a conversa prematuramente. Em contraste, uma abordagem mais calma poderia ter aberto espaço para ajustes.

### O Processo de Comunicação: Muito Além das Palavras

A comunicação, na essência, é uma troca de significados. O emissor envia uma mensagem, que o interlocutor interpreta com base em seus próprios filtros, experiências e estado emocional. Esse processo é vulnerável a falhas, porque nem sempre o que é dito é exatamente o que é entendido.

**Elementos da Comunicação**

1. **Emissor:**
   Aquele que transmite a mensagem. A forma como a mensagem é entregue – tom, postura e escolha de palavras – influencia diretamente como será percebida.

2. **Mensagem:**
   O conteúdo, que pode ser verbal ou não verbal, carregado de informações explícitas e implícitas.

3. **Interlocutor:**
   O receptor da mensagem, cuja interpretação é moldada por suas crenças, emoções e contexto no momento da interação.

**O Ruído na Comunicação**

Entre o emissor e o interlocutor, existem "ruídos" – fatores que interferem na clareza da mensagem. Esses ruídos podem ser emocionais (estresse, medo), contextuais (um ambiente tenso) ou cognitivos (preconceitos, falta de atenção).

**Exemplo:**
Quando um negociador diz: "Essa condição é essencial para nós," o interlocutor pode ouvir isso como um ultimato, mesmo que a intenção tenha sido apenas destacar a importância de um ponto. O ruído transforma uma afirmação neutra em algo potencialmente ofensivo.

**Controle Emocional: A chave para decifrar a mensagem**

O controle emocional é indispensável para navegar pelas camadas de interpretação na comunicação. Ele permite que o negociador analise o que foi dito sem reagir impulsivamente ao que foi interpretado.

### 1. Pausar Antes de Responder

Diante de uma mensagem ambígua ou potencialmente provocativa, a pausa é essencial. Ela permite que o negociador processe a mensagem racionalmente, evitando respostas reativas.

**Exemplo Prático:**

Se o cliente diz: "Essa proposta não faz sentido," o negociador controlado responde: "Compreendo sua preocupação. Poderia me explicar melhor o que não ficou claro?" Em vez de entrar na defensiva, ele transforma o momento em uma oportunidade de esclarecimento.

### 2. Escuta Ativa

A escuta ativa vai além de ouvir palavras; ela envolve captar o tom, a emoção e as mensagens não ditas. Essa técnica ajuda a identificar o verdadeiro significado por trás da fala.

**Estratégia:**
Faça perguntas de esclarecimento para garantir que entendeu corretamente: "Quando você diz que isso é complicado, está se referindo ao prazo ou aos custos envolvidos?"

### 3. Validação Emocional

Reconhecer as emoções do outro lado demonstra empatia e reduz o ruído emocional na comunicação. Isso ajuda a criar um ambiente mais colaborativo.

**Exemplo Prático:**

"Entendo que essa situação pode parecer complicada. Vamos trabalhar juntos para simplificá-la."

**A Linguagem não verbal**

Nem toda comunicação acontece em palavras. Gestos, expressões faciais e postura corporal são tão importantes quanto o que é dito verbalmente.

**Exemplos**

- **Braços cruzados:** Pode indicar resistência ou desconforto.
- **Inclinação para frente:** Interesse ou envolvimento.
- **Olhar desviado:** Hesitação ou insegurança.

Saber interpretar esses sinais ajuda o negociador a ajustar sua abordagem e decifrar o que o interlocutor realmente está comunicando.

Em negociações, não é raro que mensagens sejam mal interpretadas devido a filtros emocionais ou cognitivos. O segredo para superar esses momentos está em desarmar a tensão e buscar alinhamento.

**1. Refrasear**

Se perceber que sua mensagem foi mal entendida, reformule-a de maneira mais clara e direta.

**Exemplo:**
"Deixe-me explicar de outra forma para garantir que estamos alinhados."

**2. Perguntar Antes de Concluir**

Antes de reagir a uma interpretação equivocada, pergunte ao interlocutor como ele entendeu a mensagem.

**Estratégia:**
"Quero garantir que estamos na mesma página. O que você entendeu dessa proposta?"

**Desvendando o Labirinto da Comunicação**

A comunicação em uma negociação é como um jogo de xadrez emocional, onde cada movimento – cada palavra e gesto – carrega um significado profundo. O controle emocional permite que o negociador não apenas interprete corretamente as mensagens, mas também ajuste sua própria comunicação para reduzir ruídos e promover clareza.

No final, o verdadeiro mestre da negociação não é apenas aquele que fala bem, mas aquele que escuta, interpreta e se adapta com precisão. Porque no labirinto da comunicação, quem entende o caminho nunca se perde.

Navegar pelo labirinto das emoções é como conduzir uma sinfonia: exige sensibilidade, controle e uma compreensão profunda de cada nota emocional. Controlar suas próprias emoções, interpretar as do outro e moldar o ambiente emocional são as habilidades que transformam um negociador comum em um verdadeiro maestro.

No final, negociar não é apenas persuadir. É conectar-se, criar confiança e encontrar um equilíbrio emocional que beneficie ambas as partes. Porque, no labirinto das emoções, quem entende o caminho nunca fica perdido.

# Capítulo 20
# O Negociador Alfa

No campo das negociações, o alfa não é apenas um título; é um estado de presença e estratégia. O **Negociador Alfa** não precisa dominar pela força ou pelo volume. Ele é a figura que, com um olhar, uma postura ou um gesto calculado, redefine a dinâmica do ambiente. Ele não grita – ele se posiciona. Não apressa – ele controla o ritmo. E, acima de tudo, ele entende que cada detalhe, por menor que pareça, é uma ferramenta de poder.

A verdadeira força do negociador alfa reside em sua habilidade de usar o ambiente, seu corpo e a percepção do outro lado para construir uma narrativa de domínio. A psicologia por trás disso está enraizada em conceitos como **autoridade projetada** e **presença magnética**.

### 1. A Autoridade Está na Postura

A postura de um negociador alfa é sempre calculada. Ele nunca ocupa pouco espaço – mas também não exagera. É alguém que se senta com firmeza, mas relaxado, projetando confiança e controle.

**Exemplo:**
Ao escolher a cadeira mais central ou de frente para a porta, ele comunica que é a pessoa a ser ouvida. Ao manter os pés firmes no chão e as costas eretas, ele demonstra estabilidade. Pequenos ajustes – como um leve cruzar de pernas ou o uso estratégico dos braços sobre a mesa – solidificam sua presença.

### 2. A Linguagem do Silêncio

O negociador alfa sabe que o silêncio pode ser mais ensurdecedor do que qualquer palavra. Ele utiliza pausas estratégicas para criar tensão, obrigando o outro lado a preencher o vazio – muitas vezes revelando mais do que pretendia.

**Estratégia:**
Quando uma proposta é feita, em vez de responder imediatamente, ele mantém o olhar fixo, com um leve sorriso. Essa pausa força o interlocutor a continuar falando, frequentemente cedendo informações ou ajustando sua posição por nervosismo.

**A Escolha da Cadeira**

O alfa nunca escolhe uma cadeira casualmente. Ele opta pela que tem o encosto mais alto, pela posição mais estratégica ou pela que oferece uma visão completa da sala. Essa escolha é uma metáfora visual de poder.

**O Uso da Caneta**

O ato de segurar uma caneta não é apenas funcional. Para o negociador alfa, é uma extensão de sua linguagem corporal. Girar a caneta lentamente ou mantê-la estática entre os dedos pode transmitir calma ou tensão, dependendo da intenção.

**Exemplo Psicológico:**

Enquanto o outro lado fala, o alfa gira a caneta entre os dedos, indicando que está ouvindo, mas também avaliando. Essa ação sutil cria um subtexto de análise constante.

**Controlando o Ambiente Não Verbal**

O negociador alfa é um maestro, e o ambiente é sua orquestra. Ele sabe como ajustar o tom emocional da sala com base em sua própria energia.

**1. O Tom de Voz**

A voz do alfa é baixa, controlada e intencionalmente pausada. Ele evita mudanças abruptas de tom, o que transmite consistência e autoridade.

**2. Contato Visual**

O contato visual do alfa é direto, mas não intimidante. Ele mantém o olhar firme enquanto fala e escuta, criando uma conexão sem abrir espaço para dúvidas.

**3. Movimento Mínimo**

O alfa evita gestos desnecessários. Cada movimento é deliberado, reforçando o controle sobre si mesmo e, por extensão, sobre a negociação.

**A Presença do Alfa e os Outros**

O negociador alfa também entende que sua presença não é apenas sobre como ele se porta, mas também sobre como faz os outros se sentirem.

**1. Criando um Contraste**

Ao entrar em uma sala onde todos parecem ansiosos, o alfa irradia calma. Essa diferença emocional o destaca instantaneamente como o centro de controle.

**2. Desarmando Ameaças**

O alfa nunca reage impulsivamente. Quando confrontado, ele desarma a situação com uma resposta calculada, muitas vezes usando humor sutil ou recontextualizando o problema.

**O Alfa e a Sala de Reuniões**

Em uma negociação corporativa, um negociador alfa chega cedo, escolhe a cadeira com a melhor visão da sala e organiza seus materiais de forma impecável. Durante a conversa, ele utiliza pausas estratégicas e perguntas abertas para controlar o ritmo.

Mesmo sem nunca levantar a voz, ele guia a discussão para os termos que deseja.

## O Alfa da Subversão

Ao perceber que o outro lado tentava intimidá-lo com números, o alfa inclinou-se levemente para frente, olhou nos olhos do interlocutor e disse: "Esses números são impressionantes. Mas onde está o risco que ninguém está mencionando?" A pergunta inesperada desarmou a oposição e colocou a conversa de volta em sua esfera de controle.

## Tornando-se o Alfa

Ser um negociador alfa não é apenas sobre técnicas; é sobre presença. É sobre entender que cada detalhe – desde a posição na mesa até o ritmo de suas palavras – é uma oportunidade de influência. O alfa nunca depende da força ou da intimidação; ele conquista pela percepção, pelo controle emocional e pela habilidade de moldar o ambiente ao seu favor.

No fim, o alfa não precisa declarar seu poder. Ele o projeta, de maneira tão clara e inegável, que os outros o reconhecem antes mesmo de ele dizer a primeira palavra.

## O Alfa como Líder em uma Negociação

Ser alfa em uma negociação não significa apenas assumir o controle da conversa, mas liderar o ambiente, as emoções e até os pensamentos do outro lado. O alfa não é um dominador agressivo; ele é um estrategista sutil que guia a interação de forma estruturada e eficiente. A liderança que ele projeta é o que transforma a negociação em um campo onde todas as partes o reconhecem como o centro de gravidade.

## O Alfa e o Princípio da Liderança Natural

No contexto da negociação, a liderança natural do alfa é percebida antes mesmo de ele falar. Sua postura, presença e a forma como maneja o ambiente criam uma autoridade silenciosa que inspira confiança e respeito. Esse princípio está enraizado na capacidade de transmitir segurança e clareza, características que todo líder deve dominar.

**Exemplo de Liderança Natural:**

Um negociador chega ao encontro com um tom calmo e uma postura relaxada. Ele cumprimenta todos com um leve sorriso e, ao sentar-se, organiza seus materiais com precisão. Antes mesmo de iniciar a conversa, ele já definiu o tom da reunião: estruturado e controlado.

**Como o Alfa Lidera a Dinâmica da Negociação**

**1. Definição do Ritmo**

O alfa lidera porque ele dita o ritmo. Ele sabe quando acelerar a conversa para criar urgência e quando desacelerar para aumentar a reflexão. Essa habilidade é essencial para manter o controle do ambiente.

**Técnica:**
Durante uma objeção, o alfa faz uma pausa estratégica antes de responder. Essa pausa força o outro lado a preencher o silêncio, frequentemente revelando informações ou ajustando sua postura.

**2. O Uso Estratégico da Visão de Longo Prazo**

Liderança em negociação é, em essência, a habilidade de ver além do que está sendo dito. O alfa sempre conecta cada etapa da negociação ao objetivo final, garantindo que suas ações estejam alinhadas à estratégia maior.

**Exemplo** **Prático:**
Ao lidar com uma objeção de preço, ele não rebate diretamente. Em vez disso, conecta a questão ao valor de longo prazo: "Entendo sua preocupação com o custo inicial, mas gostaria de explorar como esse investimento se traduzirá em benefícios duradouros para sua operação."

**A Psicologia**

Liderar em uma negociação exige uma compreensão profunda das emoções humanas e da dinâmica de poder. O alfa usa ferramentas psicológicas para moldar o comportamento do outro lado e garantir que suas decisões estejam alinhadas aos seus objetivos.

## 1. O Poder da Empatia Estratégica

O alfa não apenas entende o que o outro lado sente, mas usa essa compreensão para conduzir a conversa. Ele valida emoções, desarmando resistências e criando um espaço para colaboração.

**Estratégia:**
Se o cliente demonstra frustração, o alfa responde: "Vejo que isso é importante para você. Vamos garantir que essa questão seja tratada de forma prioritária." Essa validação reforça sua posição como líder acessível e confiável.

## 2. Manipulação Positiva do Ambiente Emocional

A liderança do alfa não é apenas sobre o que ele faz, mas também sobre como ele faz os outros se sentirem. Ele cria um ambiente onde todos se sentem seguros, mas também motivados a seguir sua direção.

**Exemplo Prático:**

Ao apresentar uma solução, o alfa faz um elogio genuíno ao outro lado, destacando sua visão ou estratégia: "É claro que você tem uma compreensão profunda dessa questão. Acho que podemos construir algo poderoso juntos."

**Ferramentas**

## 1. Comunicação Clara e Persuasiva

O alfa entende que sua liderança depende da clareza de sua comunicação. Ele evita ambiguidades, usa linguagem direta e reforça suas mensagens com exemplos e histórias.

**Estratégia de Comunicação:**

Substitua frases vagas por declarações impactantes: "Esse plano proporcionará um retorno de 20% em dois anos, baseado nos dados do mercado atual."

### 2. Alavancagem da Linguagem Não Verbal

Gestos, expressões e até mesmo a escolha da cadeira contribuem para a percepção de liderança. O alfa nunca subestima o impacto do não verbal.

**Dica Prática:**

Durante momentos de tensão, mantenha as mãos visíveis e em posições abertas. Isso sinaliza transparência e controle.

Liderança é mais testada em momentos de resistência ou crise. O alfa, nesses cenários, não perde o controle; ele o redefine.

### 1. Quando a Tensão Aumenta

Se o ambiente se torna emocionalmente carregado, o alfa mantém a calma. Ele sabe que sua reação define o tom para o resto da negociação.

**Técnica:**
Usar um tom de voz baixo e pausado durante conflitos demonstra que ele está no comando e não será abalado.

### 2. Transformando Objeções em Oportunidades

O alfa vê objeções como convites para aprofundar o diálogo. Ele reformula as questões para destacar valor, alinhando o problema ao resultado desejado.

**Exemplo Prático:**

"Essa preocupação com o prazo é válida. Vamos explorar como podemos ajustá-lo sem comprometer a qualidade que você busca."

---

**Crise de Decisão**

Em uma negociação onde o cliente hesitava, o alfa perguntou: "Quais são suas três maiores preocupações no momento?" Ao ouvir as respostas, ele as abordou uma a uma, reduzindo as objeções e conduzindo a conversa para o fechamento.

**Controle do Ritmo**

Em outra negociação, o alfa percebeu que o outro lado estava tentando acelerar o processo. Em vez de ceder, ele desacelerou deliberadamente, dizendo: "Este é um ponto crucial. Vamos dedicar o tempo necessário para garantir que esteja perfeito." Essa abordagem reestabeleceu o controle e mostrou que ele não cederia à pressão.

***

O negociador alfa é, acima de tudo, um líder. Ele compreende que liderança em uma negociação não é imposta, mas projetada. Sua presença, controle emocional e habilidade de ajustar o ambiente fazem dele o ponto focal de qualquer interação.

No fim, ser o líder alfa não é sobre ser o mais forte, mas o mais estratégico. É sobre fazer com que todos, consciente ou inconscientemente, sigam sua direção – não porque precisam, mas porque reconhecem que é o melhor caminho. Porque, em uma negociação, liderança não é apenas um título. É a arte de conduzir o inevitável.

# Capítulo 21
# A Hora de Recuar

Em negociações, o momento de recuar é tão importante quanto o de avançar. Saber quando desistir não é uma demonstração de fraqueza, mas um ato estratégico de inteligência. O recuo planejado preserva relações, protege sua posição e, em muitos casos, abre caminho para futuras oportunidades. No tabuleiro das negociações, o verdadeiro mestre é aquele que entende que o sucesso não está apenas no que se ganha, mas também no que se escolhe perder.

Recuar, paradoxalmente, é um ato de força. Ele demonstra que você tem clareza de suas prioridades e a confiança necessária para abrir mão do imediato em favor do futuro. Essa abordagem é sustentada por dois princípios fundamentais:

**1. Preservação da Relacionamento**

Nem toda negociação bem-sucedida resulta em um acordo imediato. Às vezes, o objetivo é preservar a relação para negociações futuras. Saber recuar no momento certo evita conflitos desnecessários e mantém as portas abertas.

**Exemplo Prático:** Um vendedor percebe que o cliente está claramente inseguro sobre o investimento. Em vez de pressioná-lo, diz: "Entendo que este não é o momento ideal para você. Vamos manter contato e, quando estiver pronto, estarei disponível." Essa postura evita rupturas e reforça sua imagem como um parceiro confiável.

**2. Proteção de Limites**

Recuar não significa ceder em tudo. É sobre estabelecer e proteger seus limites, garantindo que sua posição seja respeitada.

**Na Prática:** "Infelizmente, não podemos atender essa solicitação específica sem comprometer a qualidade que oferecemos. Prefiro recuar agora e garantir que possamos alinhar melhor no futuro."

## Identificando o Momento Certo para Recuar

Saber quando recuar é uma habilidade que combina intuição, observação e estratégia. Aqui estão os sinais mais comuns:

### 1. O Impasse Irremediável

Quando ambas as partes chegam a um ponto onde nenhuma concessão adicional trará benefícios, o recuo se torna a melhor opção.

**Dica:**
Encerre o diálogo de forma respeitosa: "Parece que não estamos conseguindo alinhar nossos interesses neste momento. Talvez possamos revisitar essa conversa no futuro."

### 2. Sinais de Resistência Emocional

Se o outro lado demonstra irritação, ansiedade ou desinteresse, insistir pode ser contraproducente. Recuar nesse momento permite reconfigurar a dinâmica emocional.

**Estratégia:**
"Percebo que há algumas preocupações. Que tal retomarmos essa conversa em um momento mais oportuno?"

Recuar não significa abandonar a negociação para sempre. Muitas vezes, é apenas uma pausa estratégica dentro de um ciclo maior. Essa abordagem permite ajustar sua posição e retornar com mais força.

### 1. Reavaliar e Reestruturar

Use o tempo de recuo para analisar o que funcionou e o que não funcionou. Identifique áreas que podem ser ajustadas para futuras negociações.

## 2. Reentrar Com Novas Propostas

Após o recuo, retome a conversa com uma abordagem renovada. Isso demonstra flexibilidade e disposição para encontrar soluções.

**Exemplo Prático:** "Estive pensando sobre nossa última conversa e gostaria de propor um ajuste que acredito atender melhor às suas necessidades."

## A Retirada Tática

Um empreendedor enfrentava um cliente irredutível em relação ao preço. Em vez de insistir, ele encerrou a conversa dizendo: "Não quero comprometer a qualidade para atender este preço. Quando você estiver pronto para priorizar valor, estarei disponível." Meses depois, o cliente retornou, reconhecendo o valor do produto.

## O Recuo Que Criou Uma Oportunidade

Durante uma negociação com um investidor, o negociador percebeu que o outro lado estava desconfortável com os prazos. Ele recuou: "Podemos dar um tempo para você considerar todas as variáveis. Retomamos quando você sentir que é o momento certo." Esse gesto não apenas preservou o relacionamento, mas também demonstrou confiança, levando a um acordo mais vantajoso no futuro.

*\*\*\**

No tabuleiro das negociações, recuar não é desistir – é reposicionar-se estrategicamente. Saber quando e como recuar demonstra inteligência emocional, controle e visão de longo prazo. O verdadeiro mestre entende que, às vezes, perder uma batalha é essencial para ganhar a guerra.

Porque, no final, recuar no momento certo é a jogada mais poderosa que você pode fazer.

Recuar em uma negociação é muito mais do que ceder ou desistir; é um ato calculado de influência. Um recuo estratégico não apenas desarma a tensão, mas também altera a dinâmica de poder, permitindo que você conduza a interação para um terreno mais favorável. A habilidade de recuar com intenção é uma ferramenta poderosa que transforma impasses em oportunidades e negativas em "quase-sins."

**A Psicologia do Vazio**

O conceito de "vazio" é central para entender o poder do recuo. Quando você se retira de uma posição ou proposta, cria um espaço emocional e estratégico que o outro lado sente necessidade de preencher. Esse vazio não é apenas uma ausência – é uma lacuna que provoca desconforto, levando o interlocutor a reconsiderar suas ações e decisões.

A retirada ativa um fenômeno psicológico conhecido como **dissonância cognitiva**. Quando o outro lado percebe o vazio deixado pelo recuo, começa a questionar se sua decisão de recusar ou hesitar foi a melhor escolha. Esse desconforto muitas vezes leva a uma reavaliação mais favorável para quem recuou.

**Exemplo Prático:**

Imagine que você está negociando um contrato e o cliente parece hesitar sobre os termos propostos. Em vez de pressionar, você recua: "Parece que este não é o momento ideal para você. Que tal revisarmos isso em outra oportunidade?" Esse vazio dá espaço ao cliente para refletir sem a pressão da sua presença, frequentemente resultando em uma retomada mais colaborativa.

O silêncio é a ferramenta que amplifica o impacto do recuo. Assim como uma pausa em uma sinfonia, ele destaca o que foi dito anteriormente e obriga o outro lado a preencher o espaço vazio. O silêncio, combinado com um recuo calculado, transforma a negociação em um jogo de xadrez emocional, onde o próximo movimento do outro lado é guiado pelo desconforto de não agir.

Ao recuar, não preencha imediatamente o vazio com novas propostas ou justificativas. Deixe que o silêncio faça seu trabalho. Esse momento cria tensão e força o outro lado a refletir mais profundamente sobre a situação.

**Dica Avançada:**

Ao recuar, mantenha o contato visual ou um tom de voz tranquilo. Sua postura deve transmitir que você está confortável com o silêncio, projetando confiança e controle.

***

Recuar sem perder o controle é a essência da **retirada condicional**. Aqui, você comunica que está disposto a abrir mão de algo, mas insere uma condição ou sugere um caminho alternativo. Essa técnica transforma o recuo em uma alavanca para novas negociações.

**Como Funciona**

Ao invés de simplesmente ceder, você ajusta a narrativa para demonstrar flexibilidade enquanto mantém sua posição central intacta. Isso evita que o outro lado interprete o recuo como fraqueza.

**Exemplo Prático:**

"Entendo que este ponto é um desafio para você. Podemos ajustá-lo, mas, em contrapartida, gostaria de discutir uma extensão no prazo."

Essa abordagem transforma um momento de aparente concessão em uma troca equilibrada, reforçando sua autoridade na negociação.

**Aplicando em diferentes cenários**

A força do recuo como técnica de influência está na sua flexibilidade. Ele pode ser usado em várias situações e com diferentes perfis de interlocutores.

## 1. Quando o Cliente Está Irredutível

Diante de uma objeção aparentemente intransponível, recuar sinaliza que você respeita os limites do outro lado, mas mantém a porta aberta para diálogo futuro.

**Exemplo:**
"Compreendo sua posição atual. Talvez possamos revisitar essa proposta em outro momento, quando as circunstâncias estiverem mais favoráveis."

## 2. Quando a Negociação Está em Impasse

Se nenhuma das partes parece disposta a ceder, o recuo cria uma pausa que reduz a tensão e permite que ambos reconsiderem.

**Estratégia:**
"Vamos dar um tempo para refletir sobre os pontos discutidos. Retomamos a conversa em breve com ideias frescas."

O recuo não é um ponto final – é um movimento dentro de um ciclo estratégico maior. Ele prepara o terreno para futuras interações, permitindo ajustes e reentrada com propostas mais alinhadas às necessidades do outro lado.

Durante o recuo, analise o progresso da negociação. Pergunte a si mesmo:

- Onde minha proposta perdeu força?
- O que posso ajustar para tornar minha posição mais atraente?
- Como posso antecipar as próximas objeções?

Após o recuo, reintroduza o diálogo com uma abordagem renovada. Essa mudança demonstra adaptabilidade e mantém a negociação em andamento.

**Exemplo:**

"Após refletir sobre nossa última conversa, acredito que esta abordagem pode ser mais interessante para ambas as partes."

**Teste de Temperatura**

Uma das formas mais avançadas de utilizar o recuo é como ferramenta para medir o nível de interesse e engajamento do outro lado. Ao recuar, observe como o cliente responde. Ele demonstra sinais de preocupação? Tenta trazer você de volta à mesa? Essas reações indicam o quão próximo você está de um fechamento.

**Sinais Positivos Durante o Recuo**

- O cliente faz perguntas para manter o diálogo aberto.
- Ele demonstra hesitação ou interesse renovado.
- Propõe alternativas para manter a conversa.

**Como Responder**

Se perceber engajamento, retome o controle suavemente, reafirmando sua posição de maneira colaborativa.

**Exemplo:**

"Fico feliz que você trouxe esse ponto à tona. Vamos trabalhar juntos para encontrar a melhor solução."

**Erros Comuns ao Recuar e Como Evitá-los**

Apesar de seu potencial, o recuo pode ser mal executado, enfraquecendo sua posição. Aqui estão os erros mais comuns e como evitá-los:

**1. Recuar Sem Propósito**

Recuar apenas para evitar confronto ou ganhar tempo pode ser visto como hesitação ou falta de confiança.

**Como Evitar:**

Tenha clareza sobre o objetivo do recuo antes de aplicá-lo. Certifique-se de que ele está alinhado à sua estratégia geral.

**2. Não Planejar a Reentrada**

Se o recuo não for seguido por uma reaproximação bem pensada, ele pode se tornar um encerramento definitivo.

**Dica Estratégica:**

Planeje como retomará a negociação antes mesmo de recuar.

***

O recuo no jogo de influência não é um movimento de fraqueza, mas um ato de liderança. Ele demonstra que você está no controle – não apenas da negociação, mas também de si mesmo. Quando bem executado, cria um ambiente onde o outro lado se sente compelido a reconsiderar, ceder ou buscar uma nova solução.

Em última análise, recuar não é desistir. É redefinir o terreno, ajustar a estratégia e, frequentemente, garantir que você esteja melhor posicionado para vencer – não apenas no momento, mas no longo prazo. Porque, em uma negociação, o mestre não é aquele que avança sem parar, mas aquele que sabe exatamente quando e como recuar.

Saber quando recuar é uma habilidade que combina intuição, observação e estratégia. Aqui estão os sinais mais comuns:

**1. O Impasse Irremediável**

Quando ambas as partes chegam a um ponto onde nenhuma concessão adicional trará benefícios, o recuo se torna a melhor opção.

**Dica:**
Encerre o diálogo de forma respeitosa: "Parece que não estamos conseguindo alinhar nossos interesses neste momento. Talvez possamos revisitar essa conversa no futuro."

## 2. Sinais de Resistência Emocional

Se o outro lado demonstra irritação, ansiedade ou desinteresse, insistir pode ser contraproducente. Recuar nesse momento permite reconfigurar a dinâmica emocional.

**Estratégia:**
"Percebo que há algumas preocupações. Que tal retomarmos essa conversa em um momento mais oportuno?"

Recuar não significa abandonar a negociação para sempre. Muitas vezes, é apenas uma pausa estratégica dentro de um ciclo maior. Essa abordagem permite ajustar sua posição e retornar com mais força.

## 1. Reavaliar e Reestruturar

Use o tempo de recuo para analisar o que funcionou e o que não funcionou. Identifique áreas que podem ser ajustadas para futuras negociações.

## 2. Reentrar Com Novas Propostas

Após o recuo, retome a conversa com uma abordagem renovada. Isso demonstra flexibilidade e disposição para encontrar soluções.

**Exemplo Prático:**
"Estive pensando sobre nossa última conversa e gostaria de propor um ajuste que acredito atender melhor às suas necessidades."

***

## A Retirada Tática

Um empreendedor enfrentava um cliente irredutível em relação ao preço. Em vez de insistir, ele encerrou a conversa dizendo: "Não quero comprometer a qualidade para atender este preço. Quando você estiver pronto para priorizar valor, estarei disponível." Meses depois, o cliente retornou, reconhecendo o valor do produto.

## O Recuo Que Criou Uma Oportunidade

Durante uma negociação com um investidor, o negociador percebeu que o outro lado estava desconfortável com os prazos. Ele recuou: "Podemos dar um tempo para você considerar todas as variáveis. Retomamos quando você sentir que é o momento certo." Esse gesto não apenas preservou o relacionamento, mas também demonstrou confiança, levando a um acordo mais vantajoso no futuro.

**Recuar para avançar**

No tabuleiro das negociações, recuar não é desistir – é reposicionar-se estrategicamente. Saber quando e como recuar demonstra inteligência emocional, controle e visão de longo prazo. O verdadeiro mestre entende que, às vezes, perder uma batalha é essencial para ganhar a guerra.

Porque, no final, recuar no momento certo é a jogada mais poderosa que você pode fazer.

# Capítulo 22
# A Sinfonia Final

**Amanheceu frio, com o céu ainda tingido de azul escuro.** Duas figuras se preparavam para um dia que marcaria suas vidas de maneiras que jamais poderiam imaginar. De um lado da cidade, o maestro vestia seu fraque com precisão cirúrgica, alisando a gravata como se fosse uma extensão de seu próprio pulso. Do outro, um negociador tateava o bolso em busca do telefone enquanto olhava as luzes piscantes de uma viatura policial. Ambos estavam a minutos de encarar o palco de suas existências.

O maestro entrou na sala de ensaio. Era ampla, com um lustre imponente e dezenas de músicos afinando seus instrumentos. O peso das expectativas esmagava cada passo que ele dava. Hoje, ele regeria a Filarmônica de Viena, um privilégio que poucos no mundo tinham.

Enquanto isso, no outro lado da cidade, o negociador observava o prédio abandonado onde um homem armado mantinha um refém. Lá dentro, o ar devia estar impregnado de medo. Lá fora, policiais, jornalistas e curiosos criavam uma cacofonia de murmúrios e sirenes. Ele respirou fundo, sentindo o peso de uma vida em suas mãos.

No palco, o maestro ergueu sua batuta. A sala ficou em silêncio, exceto pelo som abafado de respirações contidas. Ele sabia que sua primeira movimentação não era apenas uma ordem, mas uma mensagem: "Eu comando esta sinfonia. Sigam-me."

O negociador atravessou a linha policial e parou diante da porta. Ele sabia que sua primeira palavra não poderia ser uma ameaça,

mas um convite. Pegando o megafone, disse com calma:
— Meu nome é Daniel. Estou aqui para ouvir você.

O maestro e o negociador não podiam errar. Em ambos os mundos, um gesto mal calculado levaria à ruína. No caso do maestro, um público implacável. Para o negociador, uma vida perdida.

A orquestra começou. O maestro sentiu o violino hesitante da segunda fileira, uma flauta que entrou ligeiramente antes do tempo. Ele não corrigiu de imediato. Ajustou o compasso com um movimento quase imperceptível, uma dança que escondia qualquer sinal de falha.

O negociador ouviu a voz trêmula do sequestrador.
— Não quero machucar ninguém. Mas vocês não me deixam escolha!
Daniel percebeu a raiva mascarando o desespero. Ajustou sua voz, diminuindo o tom.
— Você está no controle agora. Não quero tirar isso de você. Vamos encontrar uma solução juntos.

Ambos enfrentavam adversários diferentes: um com cordas e metais, outro com impulsos humanos e um revólver carregado. Mas o jogo era o mesmo: moldar o caos em algo controlável.

No teatro, o maestro conduzia a orquestra ao clímax. Violinos rasgavam o ar com intensidade; trompetes ecoavam como trovões. Ele sabia que não podia ser vencido pela energia bruta da música. Suas mãos desenhavam formas no ar, domando cada nota.

No prédio, o negociador sentia a tensão aumentar. O sequestrador começava a gritar, exigindo mais tempo, mais dinheiro, mais algo que ele mesmo não conseguia definir.
— Não venha mais perto! Eu juro que...
Daniel interveio antes que o medo se tornasse incontrolável.
— Tudo bem, tudo bem. Me diga o que você precisa. Estou aqui para ajudar, não para pressionar.

Ambos enfrentavam o mesmo inimigo: a escalada emocional. Era preciso conter o fogo antes que consumisse tudo.

O maestro sabia que o final estava próximo. Ele precisava guiar a orquestra para uma aterrissagem perfeita, onde cada músico confiasse cegamente em sua liderança. Não havia espaço para dúvidas. Ele virou-se ligeiramente para os cellos, direcionando um som mais contido. A orquestra respondeu como um organismo único.

O negociador sabia que o refém estava próximo de ser liberado. Mas uma palavra errada poderia destruir tudo. Ele mudou o tom, mais caloroso agora.
— Eu entendo. Você se sente sozinho nisso. Mas não está. Estou aqui para garantir que você saia dessa vivo. Me deixa ajudar.

Silêncio. O sequestrador começou a chorar. Era o sinal de que ele havia desistido do controle absoluto. Assim como um músico desafinado que finalmente cede ao compasso, o homem estava pronto para ser guiado.

O maestro segurou a última nota com um movimento preciso. A sala inteira vibrou em uníssono antes de mergulhar em silêncio absoluto. Quando ele abaixou a batuta, o público explodiu em aplausos. Ele inclinou-se levemente, mas seu coração ainda corria. Sabia que a perfeição havia sido atingida, mas o custo emocional era algo que só ele podia medir.

Do lado de fora do prédio, o negociador viu o refém ser liberado. O sequestrador saiu de mãos vazias, guiado por policiais. Daniel ficou parado por um momento, respirando fundo. Não houve aplausos, apenas um peso saindo de seus ombros. Ele sabia que havia vencido. Não pela força, mas pela habilidade.

**Dois Mundos, Um Propósito**

O maestro e o negociador voltaram para casa naquela noite, exaustos, mas satisfeitos. Cada um em seu campo havia sido um maestro do invisível, guiando forças caóticas em direção à harmonia. Um no palco, criando arte para a alma; o outro na rua, salvando vidas.

Ambos sabiam que o mundo raramente reconhece o verdadeiro esforço por trás da perfeição. Mas não importava. O que os movia não era o reconhecimento, mas o desafio de transformar o caos em algo belo.

Porque, no final, ser maestro – de uma orquestra ou de uma negociação – é a mesma coisa: é conduzir o inevitável com coragem e precisão.

Toda negociação é como uma composição musical: começa com um prelúdio de apresentações, avança por movimentos de tensão e resolução, até culminar em uma sinfonia final. O capítulo conclusivo não é apenas o fechamento de um acordo, mas a harmonização de todas as notas tocadas durante o processo. É o momento em que o negociador maestro reúne técnica, estratégia e emoção para criar um resultado que ecoará positivamente por muito tempo.

*** 

A sinfonia final não é apenas sobre encerrar a negociação; é sobre garantir que o encerramento seja tão significativo quanto o processo. Um desfecho bem executado consolida o relacionamento, fortalece sua posição e deixa uma impressão duradoura no outro lado.

Muitos negociadores caem na armadilha de considerar o trabalho concluído assim que o outro lado concorda verbalmente com os termos. No entanto, o verdadeiro fechamento exige validação, alinhamento e a criação de um ambiente onde ambas as partes se sintam vitoriosas.

**Exemplo:**
Você finalizou um contrato importante, mas antes de encerrar, diz: "Quero garantir que todas as suas expectativas estão alinhadas com o que discutimos. Existe algo mais que possamos ajustar para torná-lo ainda mais confortável com este acordo?" Essa validação fortalece a confiança e previne arrependimentos futuros.

O negociador alfa, como um maestro, não apenas executa técnicas; ele lidera a experiência emocional do outro lado. A sinfonia final é onde ele demonstra sua habilidade de conduzir a negociação para um encerramento harmonioso.

### 1. A Arte da Recapitulação

Antes de finalizar, recapitule os principais pontos discutidos e acordados. Isso não apenas reforça o consenso, mas também demonstra atenção aos detalhes.

**Exemplo Prático:**

"Para garantir que estamos na mesma página, aqui estão os principais termos que acordamos: [detalhes do acordo]. Ficamos de avançar com esses pontos na próxima semana, correto?"

### 2. O Fechamento Colaborativo

Em vez de apresentar o fechamento como algo unilateral, posicione-o como uma vitória conjunta. Isso cria um sentimento de parceria e alinhamento.

**Estratégia:**
"Este acordo é um reflexo do que conseguimos construir juntos. Acredito que ele atende às suas prioridades e traz benefícios mútuos."

A sinfonia final não termina no momento do fechamento; ela continua através da percepção que o outro lado terá de você após a negociação. Um fechamento bem estruturado pode se transformar em uma prova social poderosa, onde o cliente ou parceiro se torna um embaixador da sua marca ou abordagem.

**Como Criar Provas Sociais no Fechamento**

1. **Pergunte Sobre a Experiência:**

    "Gostaria de saber como foi sua experiência ao longo deste processo. Há algo que você destacaria como positivo ou algo que poderíamos melhorar?"

2. **Solicite Feedback Pós-Negociação:**

    Envie uma mensagem ou e-mail agradecendo e pedindo um testemunho sobre a experiência.

3. **Crie um Depoimento Espontâneo:**

    Durante o fechamento, diga algo como: "Fico muito feliz que tenhamos chegado a um acordo que funciona para ambos. Adoraria saber sua opinião sobre este processo em outro momento."

Uma sinfonia só se torna memorável se o eco de sua última nota for impactante. Da mesma forma, o pós-fechamento de uma negociação é crucial para manter o impacto e a relação.

Após o fechamento, muitos negociadores desaparecem, assumindo que o trabalho está concluído. No entanto, o período pós-negociação é onde você solidifica o relacionamento e abre portas para futuras colaborações.

**Estratégia:**

- Envie uma mensagem de agradecimento no dia seguinte: "Agradeço pela confiança em fechar este acordo. Estou à disposição para qualquer dúvida ou ajuste que possa surgir."

- Programe um follow-up para discutir a implementação ou próximos passos.

\*\*\*

**O Fechamento Que Criou uma Rede**

Um negociador fechou um grande contrato com uma empresa de médio porte. Durante o fechamento, ele pediu um depoimento ao cliente sobre a experiência. Esse depoimento foi usado para atrair outros parceiros na mesma indústria, criando um efeito em cascata de novas oportunidades.

**A Recapitulação Que Evitou Problemas**

Em outra negociação, o fechamento incluiu uma recapitulação detalhada. Durante essa revisão, o cliente percebeu que havia um ponto mal entendido. O ajuste foi feito antes de assinar o contrato, prevenindo conflitos futuros e fortalecendo a relação.

***

A sinfonia final não é apenas o ato de fechar; é a culminação de todas as técnicas, estratégias e emoções utilizadas ao longo da negociação. É o momento em que você demonstra maestria total, consolidando não apenas o acordo, mas também sua reputação como negociador estratégico e confiável.

Porque, no fim, uma negociação bem-sucedida não é apenas sobre o que você conquista, mas sobre como você faz o outro lado sentir-se ao longo do caminho. E uma sinfonia final bem executada ressoa como uma obra-prima que inspira confiança, abre portas e deixa uma marca duradoura.

# Capítulo 23
# A Dança Final

A Multidisciplinaridade da Negociação

Negociar é mais do que simplesmente alinhar interesses; é conduzir uma sinfonia de habilidades que atravessam campos diversos como psicologia, filosofia, comunicação, arte e até economia. Um negociador habilidoso não é apenas um orador eloquente, mas um maestro que compreende cada elemento em jogo. Assim como as cordas de uma marionete são invisíveis ao público, as ferramentas do negociador operam nos bastidores da mente humana, moldando decisões e reações.

Imagine, caro leitor, um xadrez tridimensional. Cada jogada exige antecipação, cálculo e intuição. Agora, eleve essa metáfora à complexidade da negociação: aqui, o tabuleiro não é estático, mas vivo, pulsando com emoções, histórias de vida e interesses ocultos. O negociador precisa não apenas enxergar o próximo movimento, mas também os desejos não ditos, as fraquezas disfarçadas e os medos mascarados.

A psicologia humana é o cerne de toda negociação. Freud, em sua análise do ego, nos ensinou que o ser humano frequentemente atua motivado pelo inconsciente. Quando uma pessoa diz "preciso pensar", na verdade ela está processando um dilema interno que pode ser influenciado. Entender esses processos é vital. Um exemplo clássico é a técnica do "sim incremental", em que o negociador leva o outro a pequenas concordâncias, construindo um caminho psicológico para um "sim" maior.

Outro ponto crucial é a teoria da perda de Daniel Kahneman, autor de Rápido e Devagar. Ele demonstrou que as pessoas temem perder mais do que desejam ganhar. Um maestro das cordas utiliza esse princípio para criar urgência: "Esta é sua última chance de garantir essa oportunidade". Note como a frase ativa uma ansiedade subconsciente, pressionando a outra parte a agir.

A filosofia estoica, amplamente explorada por Marco Aurélio e Sêneca, também é uma aliada do negociador. O estoico entende que não pode controlar as reações alheias, mas pode controlar suas próprias emoções. Isso é especialmente útil em momentos de tensão, quando o adversário tenta desequilibrá-lo. Permanecer calmo, observador e estratégico é uma forma de manter o controle da negociação.

Sêneca escreveu: "A dificuldade mostra o que o homem é." Em uma negociação, isso se traduz na capacidade de transformar pressão em estratégia. Imagine um leilão tenso, onde todos esperam que você reaja impulsivamente. O negociador que domina o estoicismo será aquele que, em vez de aumentar a oferta, silencia. O efeito? Desarma a sala e reconstrói o ritmo a seu favor.

A arte é outra corda invisível no jogo da negociação. Assim como uma pintura de Caravaggio usa sombras para destacar a luz, um negociador habilidoso utiliza pausas e silêncios para realçar suas palavras. A escolha do tom de voz, por exemplo, pode transformar um pedido em uma ordem velada, ou uma crítica em um convite à reflexão.

Lembre-se, caro leitor, da música: uma sinfonia é feita de notas e pausas. A harmonia só existe porque há contraste entre sons e silêncios. Em uma negociação, a cadência da fala é igualmente poderosa. A pressa denuncia insegurança; a pausa transmite controle. Assim como o maestro guia sua orquestra, o negociador deve dominar o ritmo da conversa, conduzindo o outro para onde deseja.

Se a psicologia é o alicerce, e a filosofia é a postura, a economia fornece as ferramentas práticas. Negociar é, no fundo, criar valor – para ambas as partes. Um conceito relevante é o de "barganha integrativa", onde o negociador descobre interesses mútuos e propõe soluções que ampliam o "bolo" em vez de dividi-lo. Isso requer uma análise detalhada das necessidades do outro lado, algo que só é possível com uma escuta ativa e perguntas bem elaboradas.

Por exemplo, em uma negociação de salário, não é apenas sobre dinheiro. Pode ser sobre tempo, benefícios ou reconhecimento. O verdadeiro maestro encontra essas variáveis e as usa para alcançar o acordo ideal. Ele não apenas "vence" a negociação, mas faz o outro lado acreditar que também venceu.

Considere a história de um empresário chamado Victor, que negociava com um investidor hesitante. Victor percebeu que o investidor não era movido por números, mas por legado. Em vez de argumentar com planilhas, Victor explorou como o investimento criaria um impacto duradouro na comunidade local. Ele tocou as cordas emocionais do investidor, transformando hesitação em entusiasmo.

A lição? O jogo das cordas não é sobre vencer uma batalha de argumentos, mas sobre orquestrar uma sinfonia de emoções e razões, conduzindo a outra parte ao resultado desejado.

O Maestro das Cordas

O verdadeiro maestro não manipula com força, mas conduz com precisão. Ele não apenas conhece as cordas, mas sabe quando puxá-las e quando deixá-las soltas. Este capítulo é um convite para que você, leitor, comece a ver a negociação como uma arte multidisciplinar, onde cada interação é uma oportunidade de tocar a sinfonia da persuasão.

Agora, avancemos para a Dança Final, onde os movimentos da mente encontram os do corpo, criando uma performance irresistível no palco da negociação.

Se as palavras são as notas de uma negociação, o corpo é o violino. Ele transmite, muitas vezes de forma inconsciente, intenções, emoções e até manipulações. Na dança final de uma negociação, quando o clímax emocional e racional está em jogo, o corpo e a voz tornam-se ferramentas essenciais. O sucesso não depende apenas do que é dito, mas de como é transmitido.

Pense na última vez em que entrou em uma sala para negociar. Como cruzou a porta? Seus passos eram confiantes? Seu olhar capturava os presentes? Essas primeiras impressões formam um quadro inicial, quase impossível de desconstruir. Como nos ensina a psicologia social, o efeito halo – em que uma característica inicial positiva influencia todas as percepções subsequentes – é uma vantagem poderosa.

O corpo nunca mente, ou pelo menos é o que a maioria acredita. A verdade é que, enquanto alguns sinais são involuntários – como um leve rubor de ansiedade –, muitos podem ser controlados. A questão é: você está dançando ou sendo dançado?

Uma negociação bem-sucedida exige consciência corporal. Considere o exemplo de um aperto de mão. Um aperto firme transmite confiança, mas cuidado com o excesso – um aperto esmagador pode ser interpretado como agressão. Da mesma forma, manter o contato visual sugere autoridade, mas um olhar fixo demais é desconfortável e pode ser visto como intimidação.

A voz, como um maestro invisível, guia os pensamentos do interlocutor. Tom, ritmo, volume e pausas são ferramentas de manipulação sutil. Imagine um vendedor descrevendo um produto. Quando ele eleva o tom de voz para destacar um benefício e reduz para quase um sussurro ao falar de um "detalhe secreto", ele está conduzindo a mente do ouvinte para onde deseja.

Estudos em neurociência mostram que variações na entonação mantêm o cérebro humano mais engajado. Essa é a razão pela qual um discurso monótono nos cansa – ele não dá ao cérebro os estímulos necessários para se manter interessado.

**Gatilhos Mentais em Movimento**

Os gatilhos mentais são outro componente da dança final. E não apenas os tradicionais como escassez e reciprocidade, mas os mais sofisticados, como pertencimento e exclusividade. Combine isso com a linguagem corporal e vocal, e você terá uma receita para o sucesso.

Por exemplo, imagine uma negociação entre um recrutador e um candidato altamente qualificado. O recrutador deseja fechar o acordo, mas não demonstra desespero. Ele utiliza pausas estratégicas, contato visual calculado e gestos abertos para transmitir acolhimento, enquanto verbaliza algo como: "Estamos selecionando muito poucos para esta posição. Mas você tem algo especial." Esse é o gatilho da exclusividade em ação, amplificado pela linguagem corporal e vocal.

**Quando o Corpo e a Voz Conquistam**

Lembre-se do caso de Ana, uma empresária jovem que negociava um contrato internacional. Diante de um grupo de executivos mais velhos e tradicionais, ela sabia que seu desafio era conquistar respeito imediato. Entrou na sala com postura ereta, passos firmes e um sorriso controlado – o suficiente para transmitir segurança sem parecer arrogante. Durante a reunião, usou uma combinação de pausas estratégicas e entonação grave para projetar autoridade. Ao final, não só fechou o contrato, como recebeu elogios pela clareza e presença.

Esse exemplo ilustra o ponto crucial: palavras conquistam a mente, mas o corpo e a voz tocam o coração. E é no coração que se vence uma negociação.

- Os Movimentos do Corpo: Mantenha gestos congruentes com suas palavras. Um sorriso enquanto nega algo pode transmitir insegurança ou falsidade.
- A Postura na Sala: Um corpo relaxado transmite confiança. Evite cruzar braços ou pernas, pois isso pode ser interpretado como resistência ou defesa.
- O Uso da Voz: Varie o tom e o ritmo para criar impacto. Diminua a velocidade ao explicar pontos cruciais e acelere para gerar urgência.

Quando corpo, palavras e voz estão alinhados, algo mágico acontece. A dança final é mais do que estratégia; é arte. Um negociador alinhado com essas ferramentas transforma interações comuns em performances memoráveis. Ele não fala apenas com palavras, mas com presença.

Chegamos à dança final. Aqui, a harmonia entre os elementos é o que define o resultado. Você, caro leitor, agora tem as ferramentas para se tornar o maestro de sua própria sinfonia de negociações.

Mas ainda falta um elemento crucial para fechar o espetáculo. Vamos ao último capítulo: O Legado do Maestro, onde exploraremos como levar essas lições para além da sala de negociações e para a vida.

***

**O Legado do Maestro**

Negociar não é apenas sobre contratos assinados ou acordos fechados. É sobre a arte de viver, de se relacionar com o mundo e com os outros. Desde o momento em que acordamos até o instante em que dormimos, estamos negociando. Com os filhos que não querem ir à escola, com o colega que busca aprovação para um projeto, ou com o parceiro que sugere um destino diferente para as férias. A vida é, essencialmente, uma sinfonia de interações, e você, caro leitor, é o maestro.

Mas como levar o aprendizado deste livro para a vida cotidiana? Como transformar táticas e técnicas em algo mais profundo – uma mudança de perspectiva e atitude? Para isso, precisamos nos conectar a um conceito que transcende a negociação: a consciência.

Se há algo que diferencia um bom negociador de um verdadeiro maestro, é a consciência. A capacidade de observar, analisar e atuar no momento certo, sem se perder no calor do instante. É o que os filósofos estoicos chamavam de "praxis" – a ação informada pela reflexão.

Imagine estar em uma reunião e perceber não apenas o que está sendo dito, mas também o que está sendo omitido. Sentir o peso de uma pausa, o significado de um olhar, ou o desconforto de uma postura. Essa sensibilidade é o que transforma o negociador em um estrategista nato.

A negociação, quando elevada a esse nível, torna-se quase uma dança espiritual. Não é apenas sobre ganhar ou perder, mas sobre criar uma conexão profunda com o outro, um entendimento mútuo que transcende palavras e gestos.

Aplicando o Legado: O Impacto na Vida

**1. Na Família:**

Ensine seus filhos a negociar de forma saudável, mostrando que não se trata de manipulação, mas de colaboração. Um simples "vamos conversar e ver o que é melhor para todos" pode transformar conflitos em oportunidades de crescimento.

**2. Nos Negócios:**

Use as técnicas aprendidas para construir confiança, não apenas fechar contratos. Lembre-se de que o verdadeiro sucesso está em criar parcerias duradouras, onde ambas as partes sentem que ganharam.

**3. Nas Relações Pessoais:**

Reconheça que toda interação é uma forma de negociação. Seja com um amigo, um parceiro ou até mesmo com você mesmo, use o equilíbrio entre razão e emoção para construir diálogos mais ricos e honestos.

Os estoicos acreditavam que a verdadeira força vem de dentro. Marco Aurélio escreveu: "Você tem poder sobre sua mente – não sobre os eventos externos. Perceba isso, e encontrará força." Esse princípio é crucial para a negociação e para a vida. Não podemos controlar os outros, mas podemos controlar nossas reações. Não podemos prever o resultado de cada interação, mas podemos preparar nosso espírito para enfrentá-lo com graça.

Essa resiliência estoica é o que permite ao maestro seguir em frente, mesmo após uma "nota desafinada". Ele não se deixa abalar por um erro, mas o utiliza para ajustar sua próxima performance.

Lembra-se da metáfora do jogo das cordas? Ao longo deste livro, exploramos como manipular e ser manipulado, como puxar e soltar as cordas invisíveis que movem as pessoas. No entanto, o verdadeiro legado do maestro é saber quando não puxar nenhuma corda. Saber quando deixar que a música flua naturalmente, sem interferências. Essa é a sabedoria final.

*Reflexões Finais*

Caro leitor, chegamos ao fim desta jornada. Mas como todo grande espetáculo, este é apenas o início de algo maior. A negociação, como você viu, é uma arte que exige estudo, prática e, acima de tudo, consciência. Você agora tem as ferramentas para transformar sua vida em uma sinfonia de interações significativas e produtivas.

Lembre-se: você é o maestro. A orquestra é sua vida. Cada nota, cada pausa, cada movimento é uma escolha. Escolha bem.

E assim, com as cordas bem afinadas e a orquestra pronta, você está preparado para enfrentar o mundo. Não como um simples negociador, mas como um verdadeiro maestro, capaz de equilibrar razão e emoção, estratégia e empatia, ação e reflexão. Que sua sinfonia seja memorável.

# Encerramento

A infância é algo sagrado. Eu não posso dizer que a minha infância foi de necessidade, até porque os anseios eram simples. Eu venho de uma família de classe média... mediana... nota 6. Nada demonstra mais riqueza do que a simplicidade. Sob o sol que dourava a tarde, as ruas eram universos que não cabiam em mapas, onde a infância se espalhava sem restrições. Descalços, com os pés que já conheciam cada rachadura da calçada, as crianças corriam e se misturavam num emaranhado de vozes e risos. O cheiro de terra e as marcas de giz colorido eram testemunhas das amarelinhas, que se estendiam até onde a imaginação alcançava. Nas esquinas, os gritos de "mãe da rua!" e "esconde-esconde!" faziam o tempo parar.

Era como se cada tarde carregasse uma promessa de aventura, uma certeza de que o amanhã traria as mesmas brincadeiras e desafios. Entre uma corrida e outra, sempre surgia a pergunta clássica, lançada por uma tia curiosa ou um vizinho de barba rala: "O que você quer ser quando crescer?". A resposta, quase sempre ensaiada, vinha em tom inocente e confiante: "Médico!" ou "Advogado!", refletindo mais os sonhos dos pais e avós do que os desejos pulsantes da criança que ainda não sabia que o mundo era muito maior do que a rua onde vivia. Havia um peso sutil nessas escolhas que ninguém questionava, um acordo silencioso de que a simplicidade daqueles dias se estenderia até onde os adultos imaginavam.

Mas, debaixo do sol e dos joelhos ralados, o que eu e as outras crianças queríamos mesmo era ser pilotos de carrinho de rolimã, dançarinas de programas de auditório ou, quem sabe, donos de sorveterias com sabores infinitos. Era nesses devaneios que a infância mostrava sua verdadeira riqueza: a liberdade de imaginar sem fronteiras, de acreditar que tudo era possível, mesmo quando os adultos insistiam em traçar os limites.

Na escola, o ambiente era de uma leveza quase poética. As carteiras de madeira, riscadas com nomes e corações partidos, carregavam as histórias de um cotidiano onde o maior dilema era a troca de figurinhas e o planejamento para a próxima brincadeira no intervalo. Dentre os rituais da escola, havia a fila para cantar o Hino Nacional, que reunia todos, de uniforme alinhado e olhos voltados para a bandeira que subia devagar, enquanto o vento embalava a melodia solene. Era um tempo em que o pão com margarina e o suco de caju servido em copos de plástico eram banquetes suficientes, e o som da campainha anunciando o recreio fazia o coração disparar como se fosse a sirene de uma corrida.

As gincanas de fim de ano traziam mais do que uma competição; eram celebrações da amizade e da alegria de sermos crianças. As bandeirinhas coloridas, que tremulavam sob o céu, e os gritos de incentivo que ecoavam pelo pátio da escola formavam um mosaico de cores e sons que eu jamais esquecerei. E, no meio daquela bagunça, entre uma corrida e outra, a pergunta sobre o futuro ainda surgia, mas sempre em tom de brincadeira, como se a resposta verdadeira estivesse ali, nas risadas e no suor compartilhado com os amigos.

As tardes de brincadeira se estendiam até que as mães, com seus aventais e vozes firmes, chamassem da janela, anunciando que era hora de voltar para casa. E o fim da brincadeira nunca era um adeus definitivo, mas uma promessa, um "amanhã tem mais" que era sussurrado em meio ao pó da rua que ainda pairava no ar. Ser criança era viver no presente, ignorando que o mundo dos adultos, com suas expectativas e suas definições de sucesso, não conseguia compreender que, para nós, correr, rir e dividir um pedaço de pão na esquina era o maior sonho realizado.

Na simplicidade da época, as dúvidas sobre o futuro eram apenas detalhes. O importante mesmo era decidir quem seria o "pegador" da próxima rodada de pique-esconde. Os sonhos de ser médico, advogado, astronauta ou jogador de futebol eram apenas palavras que ecoavam das bocas dos mais velhos, expectativas que se plantavam sem muita raiz no coração de uma criança. O que importava, de verdade, era o agora – os riscos, as vitórias nas amarelinhas, as corridas desenfreadas atrás de uma bola de plástico que quicava torta pela rua.

O presente tinha um sabor próprio, uma mistura de suor, terra e liberdade. Era nas brincadeiras de pega-pega, onde a rua inteira virava território conquistado, que o espírito de comunidade e pertencimento se formava sem que percebêssemos. Havia um código tácito de amizade, uma cumplicidade nos olhares trocados quando alguém fazia uma travessura ou inventava uma nova regra para o jogo. Ninguém precisava de muito, e talvez por isso tudo parecia tão abundante.

Até mesmo as brigas, que surgiam por um motivo qualquer – um gol contestado ou um esconde-esconde que terminava com alguém trancado por acidente no quintal – tinham seu lugar. Elas ensinavam sobre justiça, sobre ceder e, às vezes, sobre se impor. Mas o mais importante era que, minutos depois, tudo estava resolvido com um aperto de mão improvisado ou um sorriso envergonhado. A vida seguia, porque a vida na infância não tinha espaço para ressentimentos duradouros. Havia sempre uma nova brincadeira à espreita, pronta para apagar qualquer mágoa momentânea.

A simplicidade da infância, essa nota 6 que para muitos poderia parecer pouco, era a maior riqueza que alguém poderia ter. Crescer em um lar onde os sonhos eram feitos de pequenos gestos e as conquistas eram medidos pela alegria do dia a dia era um privilégio que eu só passei a compreender muitos anos depois. Havia uma pureza na rotina de buscar frutas frescas na feira com minha mãe, de ouvir os tios contando histórias cheias de exageros na varanda enquanto a noite caía, de dividir as pipocas em saquinhos no cinema improvisado da sala de casa.

Cada tarde encerrada com o sol tingindo de laranja os telhados e as vozes dos amigos se dispersando pela rua era uma lembrança que, na época, eu não sabia que carregaria para sempre. O tempo parecia se esticar nas férias de verão, onde um dia se dividia entre jogos de botão, banhos de mangueira e cochilos na sombra das árvores. E quando a noite caía e a rua se silenciava, o mundo parecia repousar, guardando em segredo os ecos de uma infância que, para mim, era sagrada.

Com o passar dos anos, é inevitável perceber como a infância nos forma, como os anseios que antes pareciam pequenos se transformam em pilares do que se busca como adulto. Aquele garoto de pés descalços e risos fáceis, que respondia de forma ensaiada sobre o futuro, não sabia que a maior resposta estava na simplicidade daqueles dias: a vida se desenrolava como uma promessa, e cada riso compartilhado era uma celebração do presente.

E é aí que entramos nas gerações que moldaram esses momentos. Enquanto eu brincava, minha mãe e meus tios, herdeiros de uma era de transição, carregavam em suas vozes os ecos de um tempo que eu aprenderia a admirar. Por isso, ao mergulhar na história dos meus avós, dos meus pais e da minha própria geração, começamos a entender como essas camadas de experiência se entrelaçam e desenham o sentido de vida que, aos poucos, vamos descobrindo e redescobrindo.

As gerações, ao longo do tempo, viveram com sentidos distintos, cada uma carregando consigo os desafios e as esperanças de seu tempo. Os meus avós, que viam a vida de forma direta e objetiva, acreditavam que a força vinha do fazer, do agir, e que o pensamento servia apenas para reforçar a convicção do que já estava traçado. Eles encaravam as adversidades com estoicismo, sem tempo para questionar, apenas para viver e superar. Já a geração dos meus pais, em sua busca por pertencimento e identidade, começou a se distanciar dessa visão prática, introduzindo questionamentos e abrindo espaço para reflexões sobre o propósito e o significado de viver. E foi aí que a complexidade se instalou. A minha geração, então, nasceu num mundo onde o estudo do ser e da filosofia não era mais apenas um privilégio ou curiosidade; tornou-se uma necessidade para preencher o vazio deixado pelas incertezas herdadas. No entanto, essa imersão no campo das ideias, embora enriquecedora em muitos aspectos, trouxe consigo uma fragilidade. Quando o estoicismo – a arte de manter-se firme e centrado em meio às adversidades – deu lugar a debates e questionamentos intermináveis sobre o significado da existência, a segurança se esvaiu, dando lugar à insegurança e à dúvida. A filosofia, que deveria ser um guia para a prática, se tornou um refúgio que, muitas vezes, aprisiona mais do que liberta. E assim, a geração atual, mais intelectualizada e informada do que nunca, encontrou-se vulnerável, com grande parte de suas forças e certezas enraizadas no campo das ideias, onde tudo é fluido e nada é tangível.

Como eu disse antes, minha infância não foi de se reclamar. Eu tenho certeza absoluta de que muitas crianças passaram por dificuldades que eu não passei. Em meio à ausência do meu pai, minha infância foi regada por amor. Um amor que transbordava e se espalhava por cada canto da casa, pelas pequenas rotinas e pelos gestos diários. Era como se minha família tivesse decidido, em silêncio, que o vazio deixado por uma figura ausente seria preenchido com tanto carinho que, no fim das contas, nada me faltaria. Minha avó, meu avô, minha mãe e meus tios fizeram de tudo para transformar o que poderia ser uma história marcada pela ausência em uma vida repleta de presença.

O amor deles era como uma corrente ininterrupta, que me cercava e me fortalecia. Minha avó me envolvia com seu cuidado materno, suas histórias e seus abraços calorosos. Ela fazia questão de que eu soubesse, mesmo sem palavras, que havia um porto seguro ao qual sempre poderia voltar. O cheirinho de bolo saindo do forno, as tardes em que ela me ensinava pequenas lições sobre a vida enquanto regávamos as plantas do quintal – tudo isso era prova de que o amor podia transformar qualquer cenário.

Meu avô, por outro lado, me ensinou a importância da resiliência e da disciplina. Ele, que começara a trabalhar aos 6 anos de idade e carregava o peso de ser rimo de família aos 10, sabia o que era enfrentar a vida de frente. Mas, para mim, ele foi mais do que uma figura severa ou rígida; ele era um exemplo de força que, misturada ao afeto, formava a base do que eu viria a entender como caráter. Seus gestos – como segurar minha mão firme quando caminhávamos pela rua, ou me mostrar como consertar algo que eu quebrara na inocência de uma brincadeira – me ensinaram que amor também era presença e ação.

Minha mãe, ainda jovem e lidando com suas próprias dores e desafios, nunca deixou que sua luta se tornasse um peso para mim. Ela fazia questão de me olhar nos olhos e sorrir, como quem diz sem palavras que tudo ficaria bem. E meus tios, que eram mais irmãos mais velhos do que figuras adultas distantes, entravam nas minhas brincadeiras e dividiam comigo a alegria dos dias.

Essa infância regada de amor teve um impacto profundo em mim. Ela me ensinou que, por mais que a vida possa ser marcada por ausências e por "nãos", o que realmente importa é a forma como respondemos a isso. O amor que recebi foi tão abundante que transformou a rejeição inicial em uma experiência de superação. O "não" que poderia ter moldado minha infância de forma negativa se tornou um ponto de partida para algo extraordinário.

A importância desse amor transbordante é incalculável. Ele construiu em mim uma base sólida, um alicerce que me ensinou a enfrentar desafios com a certeza de que, não importa o que viesse pela frente, eu tinha um núcleo inabalável de afeto e suporte. Mais tarde, essa certeza se mostraria essencial para enfrentar as complexidades e as fragilidades da vida adulta, em que o sentido de viver se torna uma busca constante e, muitas vezes, incerta. Mas ali, naqueles anos em que minha casa era um refúgio de amor, eu aprendi que, por mais que o mundo possa ser imprevisível, há sempre uma forma de transformar a dor em força e a ausência em uma nova definição de presença.

Mas, toda esta história ficará para a próxima. Vou encerrar, aqui, agradecendo minha esposa e meus filhos que são a razão do meu existir, minhas queridas mãe e avó que já foram me esperar em um lugar onde corações nunca mais se despedirão. Agradeço aos poucos e fiéis amigos, aos familiares e, principalmente, agradeço por todos os nãos que recebi.

Até breve.

www.ingramcontent.com/pod-product-compliance
Lightning Source LLC
Chambersburg PA
CBHW071023240526
45469CB00006BD/2061